BLEU

Histoire d'une couleur

La première édition de cet ouvrage a été publiée
en octobre 2000 avec 98 illustrations.

TEXTE INTÉGRAL

ISBN 2-02-055725-8
(ISBN 2-7028-4723-4, 1re publication)

www.seuil.com

Michel Pastoureau

BLEU

Histoire d'une couleur

Éditions du Seuil

INTRODUCTION

La couleur et l'historien

La couleur n'est pas tant un phénomène naturel qu'une construction culturelle complexe, rebelle à toute généralisation, sinon à toute analyse. Elle met en jeu des problèmes nombreux et difficiles. C'est sans doute pourquoi rares sont les ouvrages sérieux qui lui sont consacrés, et plus rares encore ceux qui envisagent avec prudence et pertinence son étude dans une perspective historique. Bien des auteurs préfèrent au contraire jongler avec l'espace et le temps et rechercher de prétendues vérités universelles ou archétypales de la couleur. Or pour l'historien celles-ci n'existent pas. La couleur est d'abord un fait de société. Il n'y a pas de vérité transculturelle de la couleur, comme voudraient nous le faire croire certains livres appuyés sur un savoir neurobiologique mal digéré ou – pire – versant dans une psychologie ésotérisante de pacotille. De tels livres malheureusement encombrent de manière néfaste la bibliographie sur le sujet.

Les historiens sont plus ou moins coupables de cette situation parce qu'ils ont rarement parlé des couleurs. À leur silence, toutefois, il existe différentes raisons qui sont en elles-mêmes des documents d'histoire. Elles ont trait pour l'essentiel aux difficultés qu'il y a à envisager la couleur comme un objet historique à part entière. Ces difficultés sont de trois ordres.

Les premières sont documentaires : nous voyons les couleurs que le passé nous a transmises telles que le temps les a faites et non pas dans leur état d'origine ; nous les voyons en outre dans des conditions de lumière qui n'ont souvent aucun rapport avec celles qu'ont connues les sociétés qui nous ont précédés ; enfin, pendant des décennies et des décennies, nous avons pris l'habitude d'étudier les images et les objets du passé au moyen de photographies en noir et blanc et, malgré la diffusion de la photographie en couleurs, nos modes de pensée et de réflexion semblent être restés, eux aussi, plus ou moins noirs et blancs.

Les deuxièmes difficultés sont méthodologiques : dès qu'il s'agit de la couleur, tous les problèmes se posent en même temps à l'historien : physiques, chimiques, matériels, techniques, mais aussi iconographiques, idéologiques, emblématiques, symboliques. Comment sérier ces problèmes ? Dans quel ordre poser les bonnes questions ? Comment établir des grilles d'analyse permettant d'étudier les images et les objets colorés ? Aucun chercheur, aucune équipe, aucune méthode n'a encore su résoudre ces difficultés, chacun ayant tendance à sélectionner dans les données et les problèmes multiformes de la couleur ceux qui l'arrangent par rapport à la démonstration qu'il est en train de conduire et, inversement, à laisser de côté tous ceux qui le dérangent. C'est évidemment là une mauvaise façon de travailler. D'autant que pour les périodes historiques, la tentation est souvent grande de plaquer sur les objets et sur les images des informations que nous apportent les textes, alors que la bonne méthode – au moins dans un premier stade de l'analyse – serait de procéder comme le font les préhistoriens (qui ne disposent d'aucun texte mais qui doivent analyser les peintures pariétales) : tirer de ces images et de ces objets eux-mêmes du sens, des logiques, des systèmes, en étudiant, par exemple, les fréquences et les raretés, les dispositions et les distributions, les rapports entre le haut et le bas, la gauche et la droite, le devant et le derrière, le centre et la périphérie. Bref, une analyse structurale interne par laquelle devrait commencer toute étude de l'image ou de l'objet quant à ses couleurs (ce qui ne veut pas dire que l'étude doive s'arrêter là).

Les troisièmes difficultés sont d'ordre épistémologique : il est impossible de projeter tels quels sur les images, les monuments et les objets produits par les siècles passés nos définitions, nos conceptions et nos classements actuels de la couleur. Ce n'étaient pas ceux des sociétés d'autrefois (et ce ne seront peut-être pas ceux des sociétés de demain…). Le danger de l'anachronisme guette l'historien – et l'historien de l'art peut-être plus que tout autre – à chaque coin de document. Mais lorsqu'il s'agit de la couleur, de ses définitions et de ses classements, ce danger semble plus grand encore. Rappelons par exemple que pendant des siècles et des siècles le noir et le blanc ont été considérés comme des couleurs à part entière ; que le spectre et l'ordre spectral des couleurs sont inconnus avant le XVIIe siècle ; que l'articulation entre couleurs primaires et couleurs complémentaires n'émerge que lentement au cours de ce même siècle et ne s'impose vraiment qu'au XIXe ; que l'opposition entre couleurs chaudes et couleurs froides est purement conventionnelle et fonctionne différemment selon les époques (au Moyen Âge, par exemple, le bleu est une couleur chaude) et selon les sociétés. Le spectre, le cercle chromatique, la notion de couleur primaire, la loi du contraste simultané, la distinction des cônes et des bâtonnets dans la rétine ne sont pas des vérités éternelles, mais seulement des étapes dans l'histoire mouvante des savoirs. Ne les manions pas inconsidérément.

Dans mes travaux précédents, je me suis plusieurs fois attardé sur ces problèmes épistémologiques, méthodologiques et documentaires, et ne souhaite pas y revenir ici trop longuement[1]. Même s'il en évoque nécessairement quelques-uns, le présent livre n'est pas entièrement consacré à ces problèmes. Il n'est pas consacré non plus au seul apport des images ou des œuvres d'art à l'histoire des couleurs, histoire qui sur bien des points reste à construire. Au contraire, il souhaite s'appuyer sur des documents de toutes natures afin d'envisager l'histoire des couleurs sous tous ses aspects, et montrer comment elle ne se réduit pas au seul domaine artistique. L'histoire de la peinture est une chose, l'histoire des couleurs en est une autre, bien plus vaste. C'est à tort que la plupart des travaux consacrés aux problèmes historiques de la couleur se sont limités au champ pictural ou artistique, parfois au champ scientifique[2]. Les vrais enjeux sont ailleurs.

Ils sont ailleurs parce que toute histoire des couleurs ne peut être qu'une histoire sociale. Pour l'historien, en effet – comme du reste pour le sociologue ou pour l'anthropologue – la couleur se définit d'abord comme un fait de société. C'est la société qui « fait » la couleur, qui lui donne sa définition et son sens, qui construit ses codes et ses valeurs, qui organise ses pratiques et détermine ses enjeux. Ce n'est pas l'artiste ou le savant ; encore moins l'appareil biologique de l'être humain ou le spectacle de la nature. Les problèmes de la couleur sont d'abord et toujours des problèmes sociaux, parce que l'être humain ne vit pas seul mais en société. Faute de l'admettre, on verserait dans un neurobiologisme réducteur ou dans un scientisme dangereux, et tout effort pour tenter de construire une histoire des couleurs serait vain.

Pour entreprendre celle-ci, le travail de l'historien est double. D'une part il lui faut essayer de cerner ce qu'a pu être l'univers des couleurs pour les différentes sociétés qui nous ont précédés, en prenant en compte toutes les composantes de cet univers : le lexique et les faits de nomination, la chimie des pigments et les techniques de teinture, les systèmes vestimentaires et les codes qui les sous-tendent, la place de la couleur dans la vie quotidienne et dans la culture matérielle, les règlements émanant des autorités, les moralisations des hommes d'Église, les spéculations des hommes de science, les créations des hommes de l'art. Les terrains d'enquête et de réflexion ne manquent pas et posent des questions multiformes. D'autre part, dans la diachronie, en se limitant à une culture donnée, l'historien doit étudier les pratiques, les codes et les systèmes ainsi que les mutations, les disparitions, les innovations ou les fusions qui affectent tous les aspects de la couleur historiquement observables. Ce qui, contrairement à ce que l'on pourrait croire, est peut-être une tâche encore plus difficile que la première.

Dans cette double démarche, tous les documents doivent être interrogés : la couleur est par essence un terrain transdocumentaire et transdisciplinaire. Mais certains terrains se révèlent à l'usage plus fructueux que d'autres. Ainsi celui du lexique : ici comme ailleurs, l'histoire des mots apporte à notre connaissance du passé des informations nombreuses et pertinentes ; dans le domaine de la couleur, elle souligne combien, dans toute société, la fonction première de celle-ci est de classer, de marquer, de proclamer, d'associer ou d'opposer. Ainsi et surtout celui des teintures, de l'étoffe et du vêtement. C'est probablement là que se mêlent le plus étroitement les problèmes chimiques, techniques, matériels et professionnels, et les problèmes sociaux, idéologiques, emblématiques et symboliques. Pour le médiéviste, par exemple, plus que le vitrail, la fresque ou le panneau, plus que la miniature elle-même (mais aussi, bien sûr, en liaison étroite avec ces différents documents), ce sont les teintures, l'étoffe et le vêtement qui apportent le matériel documentaire le plus solide, le plus vaste et le plus pertinent.

Le présent livre ne se limite pas au Moyen Âge, loin s'en faut. Mais il n'a pas non plus la prétention de constituer une véritable histoire des couleurs dans les sociétés occidentales ; seulement d'en poser quelques jalons. Pour ce faire, il prend pour fil conducteur l'histoire de la couleur bleue, du néolithique jusqu'au XXe siècle. L'histoire du bleu, en effet, pose un véritable problème historique : pour les peuples de l'Antiquité, cette couleur compte peu ; pour les Romains, elle est même désagréable et dévalorisante : c'est la couleur des Barbares. Or aujourd'hui le bleu est de loin la couleur préférée de tous les Européens, loin devant le vert et le rouge. Il y a donc eu au fil des siècles un renversement complet des valeurs. Le livre insiste sur ce renversement. Il montre d'abord le désintérêt pour le bleu dans les sociétés de l'Antiquité et du haut Moyen Âge ; puis il suit dans tous les domaines la montée progressive et la valorisation considérable des tons bleus à partir du XIIe siècle, notamment dans le vêtement et la vie quotidienne. Il insiste sur les enjeux sociaux, moraux, artistiques et religieux liés à cette couleur jusqu'à la période romantique. Enfin il met en valeur le triomphe du bleu à l'époque contemporaine, dresse un bilan de ses emplois et de ses significations, et s'interroge sur son avenir.

Une couleur, cependant, ne « vient » jamais seule. Elle ne prend son sens, elle ne « fonctionne » pleinement que pour autant qu'elle est associée ou opposée à une ou plusieurs autres couleurs. Parler du bleu, c'est donc nécessairement être conduit à parler aussi des autres couleurs. Celles-ci ne sont pas absentes des pages qui vont suivre, bien au contraire : non seulement le vert et le noir, auxquels le bleu fut pendant longtemps assimilé ; ni le blanc et le jaune, avec lesquels il a fréquemment fait couple ; mais aussi et surtout le rouge, son contraire, son complice et son rival au fil des siècles dans toutes les pratiques occidentales de la couleur.

1. Une couleur discrète

des origines au XIIe siècle

Les usages sociaux, artistiques et religieux de la couleur bleue ne remontent pas à la nuit des temps. Pas même au paléolithique supérieur, lorsque les hommes, encore nomades mais vivant depuis longtemps en société, ont réalisé leurs premières peintures pariétales. Sur celles-ci, pas de place pour le bleu. Des rouges, des noirs, des bruns, des ocres de toutes nuances mais pas de bleu, ni de vert, et à peine de blanc. Il en va presque de même quelques millénaires plus tard, au néolithique, lorsque sont apparues les premières techniques de teinture : l'homme, devenu sédentaire, teint en rouge et en jaune bien avant de teindre en bleu. Cette couleur, pourtant largement présente dans la nature depuis la naissance de la Terre, est une couleur que l'être humain a reproduite, fabriquée et maîtrisée difficilement et tardivement.

C'est peut-être ce qui explique pourquoi en Occident le bleu est resté pendant si longtemps une couleur de second plan, ne jouant pratiquement aucun rôle ni dans la vie sociale, ni dans les pratiques religieuses, ni dans la création artistique. Par rapport au rouge, au blanc et au noir, les trois couleurs « de base » de toutes les sociétés anciennes, sa dimension symbolique était trop faible pour signifier ou transmettre des idées, pour susciter des émotions ou des impressions fortes, pour organiser des codes et des systèmes, pour aider à classer, à associer, à opposer, à hiérarchiser – cette fonction classificatoire est la première des fonctions de la couleur dans toute société – voire pour communiquer avec l'au-delà.

La place discrète du bleu dans les activités humaines et la difficulté qui existe dans plusieurs langues anciennes pour nommer cette couleur ont conduit plusieurs savants du XIXe siècle à se demander si les hommes et les femmes de l'Antiquité voyaient le bleu, ou du moins s'ils le voyaient tel que nous le voyons. Aujourd'hui ces questions ne sont plus d'actualité. Mais le faible rôle social et symbolique joué par le bleu dans les sociétés européennes pendant plusieurs millénaires, du néolithique jusqu'au cœur du Moyen Âge, demeure un fait historique indéniable sur lequel il convient de s'interroger.

Le blanc et ses deux contraires

La couleur a toujours entretenu des rapports privilégiés avec la matière textile. Par là même, pour l'historien, étoffes et vêtements constituent le terrain documentaire le plus riche et le plus diversifié pour tenter de comprendre la place, le rôle et l'histoire des couleurs dans une société donnée ; un terrain plus riche et plus diversifié que ceux du lexique, de l'art ou de la peinture. L'univers du tissu est celui qui mêle le plus étroitement les problèmes matériels, techniques, économiques, sociaux, idéologiques, esthétiques et symboliques. Toutes les questions de la couleur s'y trouvent posées : chimie des colorants, techniques des teintures, activités d'échanges, enjeux commerciaux, contraintes financières, classifications sociales, représentations idéologiques, préoccupations esthétiques. L'étoffe et le vêtement sont par excellence le lieu d'une recherche pluridisciplinaire. Ils nous accompagneront tout au long du présent livre.

Toutefois, pour ce qui concerne les sociétés les plus anciennes, le silence des documents et des témoignages ne permet pas d'étudier, ni même de mettre en valeur, ce lien privilégié de la couleur avec le vêtement. Dans l'état actuel de nos connaissances, on s'accorde à situer entre le sixième et le quatrième millénaire avant notre ère les premières activités de teinture sur support textile. Les peintures corporelles et la « teinture » de certaines matières végétales (bois, écorces) sont plus anciennes. Et les premiers fragments de tissus teints parvenus jusqu'à nous ne sont pas européens mais asiatiques et africains. En Europe, il faut attendre la fin du quatrième millénaire avant notre ère pour recueillir les premiers témoignages[3]. Tous s'inscrivent dans la gamme des tons rouges.

Ce dernier point est remarquable. Jusqu'aux débuts de l'époque romaine, en Occident, teindre une étoffe consiste le plus souvent (mais pas exclusivement, bien sûr) à substituer à sa couleur d'origine une couleur prenant place dans la gamme des rouges, depuis les ocres et les roses les plus pâles jusqu'aux pourpres les plus intenses. Les matières qui servent à teindre en rouge – la garance, qui fut probablement la plus ancienne teinture, mais aussi d'autres végétaux, le kermès et certains mollusques – entrent facilement et profondément dans les fibres textiles et résistent mieux que les autres teintures aux effets du soleil, de l'eau, des lessives et de la lumière. Elles autorisent également des jeux de nuances et de luminosité plus riches que les matières servant à teindre dans d'autres couleurs. Pendant plusieurs millénaires, la teinture des étoffes est donc surtout une teinture en rouge. Ce que confirme encore à l'époque romaine le vocabulaire latin, qui fait des mots *coloratus* (coloré) et *ruber* (rouge) des synonymes[4].

Cette primauté du rouge semble remonter très haut, bien en amont de l'époque romaine. Elle constitue une donnée anthropologique première et explique sans doute pourquoi, dans la plupart des sociétés indo-européennes, le blanc a longtemps eu deux contraires : le rouge et le noir, ces trois couleurs constituant trois « pôles » autour desquels, jusqu'en plein Moyen Âge, se sont organisés tous les codes sociaux et la plupart des systèmes de représentation construits sur la couleur. Sans être un chercheur d'archétypes, l'historien peut ici légitimement admettre que, pour les sociétés anciennes, le rouge a longtemps représenté un tissu teint, le blanc, un tissu non teint mais propre ou pur, et le noir, un tissu non teint et sale ou souillé[5]. Les deux axes primordiaux de la sensibilité antique et médiévale aux couleurs – celui de luminosité et celui de densité – sont probablement issus de cette double opposition : d'une part le blanc et le noir (problème du rapport à la lumière, à son intensité, à sa pureté), de l'autre le blanc et le rouge (problème du rapport à la matière colorante, à sa présence ou à son absence, à sa richesse, à sa concentration). Le noir, c'est le sombre, le rouge c'est le dense, tandis que le blanc est à la fois le contraire de l'un et de l'autre[6].

Dans ce système à trois pôles et à deux axes, pas de place pour le bleu ; ni du reste pour le jaune ni pour le vert. Cela ne veut pas dire que ces trois couleurs n'existent pas, loin s'en faut. Elles sont bien présentes dans la vie matérielle et quotidienne ; mais sur le plan symbolique et social, elles ne remplissent pas les mêmes fonctions que les trois autres. Pour l'historien, nous le verrons, le grand problème sera de comprendre et d'étudier pourquoi, en

Europe occidentale, entre le milieu du XIIe siècle et le milieu du XIIIe, ce schéma ternaire, venu de la protohistoire et articulé autour du blanc et de ses deux contraires, prend fin et cède la place à des combinatoires nouvelles. Au sein de celles-ci, le bleu, le jaune et le vert jouent désormais le même rôle que le blanc, le rouge et le noir. La culture occidentale passe, en quelques décennies, de systèmes chromatiques à trois couleurs de base à des systèmes à six couleurs de base – sur lesquels nous vivons encore en grande partie aujourd'hui.

Teindre en bleu : la guède et l'indigo

Mais revenons aux teintures antiques et signalons que si les Grecs et les Romains teignent peu en bleu, d'autres peuples le font. Ainsi les Celtes et les Germains, qui pour ce faire utilisent la guède (latin : *guastum, vitrum, isatis, waida*), plante crucifère poussant à l'état sauvage sur des sols humides ou argileux dans de nombreuses régions de l'Europe tempérée. Le principe colorant (l'indigotine) réside essentiellement dans les feuilles, mais les opérations nécessaires pour obtenir la teinture bleue sont longues et complexes. Nous en parlerons plus loin, lorsque, au XIIIe siècle, la vogue nouvelle des tons bleus dans le vêtement révolutionnera les métiers de la teinturerie et fera de la guède une authentique plante industrielle.

Ainsi encore, et surtout, les peuples du Proche-Orient qui importent d'Asie et d'Afrique une matière colorante longtemps inconnue en Occident : l'indigo. Cette matière provient des feuilles d'un arbuste dont il existe de nombreuses variétés mais dont aucune n'est indigène en Europe : l'indigotier. Celui des Indes et du Moyen-Orient pousse en buissons ne dépassant guère deux mètres de haut. Le principe colorant (ici aussi il s'agit de l'indigotine), plus puissant que celui de la guède, se trouve dans les feuilles les plus hautes et les plus jeunes. Il donne aux étoffes de soie, de laine et de coton une teinte bleue profonde et solide, sans guère nécessiter l'utilisation d'un mordant pour bien faire pénétrer la couleur dans les fibres du tissu : souvent, plonger le tissu dans la cuve d'indigo puis l'exposer à l'air libre suffit pour lui donner sa couleur ; si celle-ci est trop claire, on répète l'opération plusieurs fois.

La teinture à l'indigo est connue depuis le néolithique dans les régions où pousse l'arbuste ; elle y favorise la vogue des bleus dans l'étoffe et le vêtement[7]. De bonne heure, cependant, l'indigo devient également un produit d'exportation, notamment l'indigo des Indes. Les peuples de la Bible s'en servent bien avant la naissance du Christ, mais c'est un produit cher ; il n'est utilisé que pour les étoffes de qualité. A Rome, en revanche, l'emploi de ce colorant reste plus limité, non seulement en raison de son prix élevé (il vient de fort loin), mais aussi parce que les tons bleus n'y sont guère appréciés, même s'ils ne sont pas totalement absents de la vie quotidienne. Les Romains, comme avant eux les Grecs, connaissent l'indigo asiatique. Ils le distinguent nettement de la guède des Celtes et des Germains[8] et savent que c'est une teinture puissante qui vient des Indes ; d'où son nom latin : *indicum.* Mais ils ignorent la nature végétale de ce produit et croient qu'il s'agit d'une pierre parce que l'indigo arrive d'Orient sous forme de blocs compacts, résultant du broyage des feuilles en une pâte que l'on a fait sécher[9]. On pense donc qu'il s'agit d'un minéral ; quelques auteurs, à la suite de Dioscoride, l'assimilent même à une pierre semi-précieuse, voisine du lapis-lazuli. Cette croyance en la nature minérale de l'indigo perdurera en Europe jusqu'au XVIe siècle. Nous y reviendrons un peu plus loin à propos des teintures en bleu de l'époque médiévale.

La Bible, qui parle beaucoup des étoffes et des vêtements, parle peu de teintures et de couleurs. Du moins en termes de nuances et de colorations. L'historien est ici gêné par les problèmes de vocabulaire et doit être très attentif aux différents « états » et aux différentes traductions des textes bibliques qu'il utilise ou qu'utilisent les auteurs (par exemple les Pères de l'Église) qu'il cite ou qu'il commente. Dans la Bible, en effet, les termes de couleurs varient beaucoup d'une langue à l'autre et se font de plus en plus nombreux et précis au fil des traductions. Celles-ci sont remplies d'infidélités, de surlectures et glissements de sens. Le latin médiéval, notamment, introduit une grande quantité de termes de couleur là où l'hébreu, l'araméen et le grec n'employaient que des termes de matière, de lumière, de densité ou de qualité. Là où l'hébreu, par exemple, dit *brillant*, le latin dit souvent *candidus* (blanc) ou même *ruber* (rouge). Là où l'hébreu dit *sale* ou *sombre*, le latin dit *niger* ou *viridis* et les langues vernaculaires disent *noir* ou *vert*. Là où l'hébreu ou le grec disent *pâle*, le latin dit tantôt *albus* tantôt *viridis*, et les langues vernaculaires, soit *blanc* soit *vert*. Là où l'hébreu dit *riche*, le latin traduit souvent par *purpureus* et les langues vulgaires par *pourpre*. En français, en allemand, en anglais, le mot *rouge* est abondamment utilisé pour traduire des mots qui dans le texte grec ou hébreu ne renvoient pas à une idée de coloration mais à des idées de richesse, de force, de prestige, de beauté ou même d'amour, de mort, de sang, de feu. Avant donc toute considération sur la symbolique des couleurs, une minutieuse enquête heuristique et philologique s'impose chaque fois que le texte des Écritures est sollicité par l'historien[10].

Ces problèmes difficiles expliquent pourquoi il est mal

aisé d'apprécier la place du bleu dans la Bible et chez les peuples de la Bible. Cette place est probablement moins importante que celle du rouge, du blanc et du noir. Mais il n'est guère possible d'en dire davantage. Un mot hébreu, qui a suscité des controverses passionnées, met bien en valeur ce danger qu'il y a à vouloir traduire par des termes modernes de coloration ce qui, dans les versions anciennes, ne concerne que des termes de matière ou de qualité. Il s'agit du mot hébreu *tekhélet*, qui revient à plusieurs reprises dans la Bible hébraïque. Certains traducteurs, philologues ou exégètes, y ont vu l'expression colorée d'un bleu dense et profond. D'autres, plus prudents, l'ont compris comme un terme de matière, une matière colorante animale, « tirée de la mer », peut-être un *murex* d'une espèce particulière ; mais ils n'ont nullement remis en cause l'idée que cette matière servait à teindre en bleu[11]. Or aucun des coquillages dont se servent les teinturiers en Méditerranée orientale à l'époque biblique, et le murex encore moins que les autres, ne produit une couleur stable et précise. Bien au contraire, tous ces mollusques donnent des tons allant du rouge au noir, en passant par toute la gamme des bleus et des violets, sans même exclure certains reflets ou certains tons s'inscrivant dans celles des jaunes ou des verts. En outre, une fois entrée dans les fibres du tissu, la couleur continue d'évoluer et de prendre des nuances qui ne cessent de changer au fil du temps, caractéristique principale de toutes les pourpres antiques. Vouloir traduire *tekhélet* par « bleu », ou même tenter d'associer cette matière à la couleur bleue, est philologiquement difficile et historiquement anachronique.

Peindre en bleu : le lapis-lazuli et l'azurite

Sur les pierres précieuses la Bible est plus bavarde que sur les teintures. Mais ici encore se posent de délicats problèmes de traduction et d'interprétation. Le saphir, notamment, la pierre la plus fréquemment mentionnée par les livres bibliques[12], ne correspond pas toujours avec le saphir que nous connaissons et se confond parfois avec le lapis-lazuli. Il en est du reste ainsi chez les Grecs et chez les Romains, de même que pendant tout le Moyen Âge : les deux pierres, en général considérées d'une égale préciosité, sont certes bien connues et nettement distinguées par la plupart des encyclopédies et des lapidaires, mais les mêmes termes désignent tantôt l'une tantôt l'autre *(azurium, lazurium, lapis lazuri, lapis Scythium, sapphirum)*[13]. Toutes deux sont utilisées dans les parures et les arts somptuaires, mais seul le lapis fournit un pigment dont se servent les peintres.

Comme l'indigo, le lapis-lazuli vient d'Orient. C'est une pierre très dure, aujourd'hui considérée comme « semi-précieuse », qui à l'état naturel présente un bleu profond, pailleté ou veiné d'un blanc légèrement doré. Les Anciens prenaient ces veinules pour de l'or (il s'agit en fait de pyrite de fer), ce qui augmentait le prestige et le prix de la pierre. Les principaux gisements de lapis-lazuli se trouvaient en Sibérie, en Chine, au Tibet, en Iran et en Afghanistan, ces deux derniers pays étant les principales sources d'approvisionnement de l'Occident antique et médiéval. La pierre valait très cher, non seulement parce qu'elle était difficile à trouver et qu'elle venait de loin, mais aussi parce que son extraction demandait, en raison de sa dureté, un travail très long. En outre, les opérations de broyage et de purification qui permettent de transformer le minéral naturel en un pigment utilisable par les peintres sont lentes et complexes : le lapis contient un grand nombre d'impuretés qu'il faut éliminer pour ne garder que les particules bleues, minoritaires dans la pierre. Les Grecs et les Romains le font mal ; souvent même ils se contentent de broyer simplement la pierre dans son ensemble. C'est pourquoi lorsqu'ils peignent au lapis, leur bleu est moins pur et moins beau que celui que l'on rencontre en Asie ou, plus tard, dans le monde musulman et dans l'Occident chrétien. Les artistes médiévaux, en effet, trouveront des procédés à base de cire et de lessives diluées pour débarrasser le lapis-lazuli de ses impuretés[14].

En tant que pigment, le lapis produit des tons bleus d'une grande variété et d'une belle intensité. Il est solide à la lumière mais son pouvoir couvrant est faible ; c'est pourquoi il s'emploie surtout pour les petites surfaces (l'enluminure médiévale y trouvera son plus beau bleu) et, en raison de son prix, pour les zones de l'image, de l'œuvre ou du tableau que l'on veut valoriser[15]. Moins coûteuse est l'azurite, le pigment bleu le plus utilisé dans l'Antiquité classique et le monde médiéval. Il ne s'agit pas d'une pierre mais d'un minerai, fait d'un carbonate basique de cuivre. Sa stabilité est moins grande que celle du lapis (il vire facilement au vert ou au noir) et, surtout lorsqu'il est mal broyé, ses bleus sont moins beaux : broyé trop fin, il perd sa couleur et devient pâle ; broyé trop gros, il se mêle difficilement à un liant et donne une peinture granuleuse. Les Grecs et les Romains le font venir d'Arménie *(lapis armenus)*, de Chypre *(caeruleum cyprium)* et du mont Sinaï. Au Moyen Âge, on l'extrait des monts d'Allemagne et de Bohème – d'où son nom : « bleu de montagne »[16].

Les Anciens savent également fabriquer des pigments

bleus artificiels, à base de limaille de cuivre mélangée à du sable et à de la potasse. Les Égyptiens, notamment, ont produit de splendides tons de bleu et de bleu-vert à partir de ces silicates de cuivre ; on les trouve sur le petit mobilier funéraire (statuettes, figurines, perles), souvent revêtus d'une glaçure qui leur procure un aspect vitreux et précieux[17]. Pour les Égyptiens comme pour d'autres peuples du Proche et du Moyen-Orient, le bleu est une couleur bénéfique qui éloigne les forces du mal. Il est associé aux rituels funéraires et à la mort pour protéger le défunt dans l'au-delà[18]. Souvent le vert joue un rôle voisin et les deux couleurs sont associées.

En Grèce, le bleu est moins valorisé et plus rare, même si dans l'architecture et la sculpture, fréquemment polychromes, le bleu sert parfois de couleur de fond sur laquelle s'inscrivent les figures (ainsi certaines frises du Parthénon)[19]. Les couleurs dominantes sont le rouge, le noir, le jaune et le blanc, auxquelles il faut ajouter l'or[20]. Plus encore que les Grecs, les Romains voient dans le bleu une couleur sombre, orientale ou barbare ; ils l'utilisent avec parcimonie. Pour eux, la couleur de la lumière n'est nullement le bleu mais le rouge, associé au blanc ou à l'or. Dans un passage célèbre de son *Histoire naturelle* consacré à la peinture, Pline affirme que les meilleurs peintres ont l'habitude de réduire leur palette à quatre couleurs : le blanc, le jaune, le rouge et le noir[21]. Seule la mosaïque fait exception : venue d'Orient, elle apporte avec elle une palette plus claire, plus verte, plus bleutée, que l'on retrouvera dans l'art byzantin et dans l'art paléochrétien. Le bleu y est non seulement la couleur de l'eau, mais aussi parfois celle du fond et de la lumière[22]. Le Moyen Âge s'en souviendra.

Les Grecs et les Romains voyaient-ils le bleu ?

Se fondant sur cette rareté relative des tons bleus et, surtout, sur les données du lexique, plusieurs philologues se sont autrefois demandé si les Grecs, et à leur suite les Romains, étaient aveugles à la couleur bleue[23]. Tant en grec qu'en latin, en effet, il est difficile de nommer cette couleur, faute d'un ou de plusieurs termes de base, solides et récurrents, comme il en existe pour le blanc, pour le rouge et pour le noir. En grec, où le lexique des couleurs a mis plusieurs siècles avant de se stabiliser, les deux mots les plus fréquemment employés pour désigner le bleu sont *glaukos* et *kyaneos*. Ce dernier est probablement à l'origine un terme désignant un minerai ou un métal ; sa racine n'est pas grecque et son sens est longtemps resté imprécis. À l'époque homérique, il qualifie aussi bien le bleu clair des yeux que le noir d'un vêtement de deuil, mais jamais le bleu du ciel ni celui de la mer. Au reste, on a pu observer que chez Homère, sur soixante adjectifs qualifiant les éléments et le paysage dans l'*Iliade* et dans l'*Odyssée*, trois seulement étaient des adjectifs de couleur[24] ; les termes se rapportant à la lumière sont en revanche extrêmement nombreux. À l'époque classique, *kyaneos* désigne une couleur sombre : le bleu foncé, certes, mais aussi le violet, le noir, le brun. En fait, il donne plus le « sentiment » de la couleur qu'il n'indique sa coloration. Quant à *glaukos*, qui existe déjà à l'époque archaïque et dont Homère fait un grand usage, il exprime tantôt le vert, tantôt le gris, tantôt le bleu, parfois même le jaune ou le brun. Il traduit davantage une idée de pâleur ou de faible concentration de la couleur qu'une coloration véritablement définie ; c'est pourquoi il s'emploie aussi bien pour nommer la couleur de l'eau que celle des yeux, des feuilles ou du miel[25].

Inversement, pour qualifier la couleur manifestement bleue de certains objets, végétaux ou minéraux, les auteurs grecs emploient parfois des termes de couleurs qui ne s'inscrivent pas dans le lexique des bleus. Pour prendre l'exemple des fleurs, l'iris, la pervenche et le bleuet peuvent ainsi être qualifiés de rouges *(erythros)*, verts *(prasos)* ou noirs *(melas)*[26]. Quant à la mer et au ciel, ils peuvent être de n'importe quelle couleur ou nuance, mais s'inscrivent rarement dans la gamme des tons bleus. D'où cette question que l'on s'est posée à la fin du XIXe siècle et au début du XXe : les Grecs voyaient-ils le bleu comme nous le voyons aujourd'hui ? À cette question, certains savants ont répondu non, mettant en avant des théories évolutionnistes quant aux capacités de vision des couleurs : les hommes et les femmes appartenant à des sociétés techniquement et intellectuellement « évoluées » – ou prétendues telles, comme les sociétés occidentales contemporaines – seraient plus aptes à distinguer et à nommer un grand nombre de couleurs que ceux appartenant aux sociétés « primitives » ou antiques[27].

Ces théories, qui ont aussitôt suscité des controverses passionnées et qui ont eu des partisans jusqu'à nos jours[28], me semblent à la fois fausses et indéfendables. Non seulement elles s'appuient sur un concept ethnocentriste, imprécis et dangereux (à partir de quels critères peut-on dire qu'une société est « évoluée » ou « primitive » ? et qui en décide ?), mais elles confondent le phénomène de vision (en grande partie biologique) avec celui de perception (en grande partie culturel). En outre, elles oublient ou ignorent l'écart, parfois considérable, qui existe, à toute époque, dans toute société, chez tout individu, entre la couleur « réelle » (si tant est que cet adjectif veuille dire quelque chose), la couleur perçue et la couleur nommée. L'absence ou l'imprécision du bleu dans le lexique grec des couleurs doit d'abord s'étudier par rapport à ce lexique, à sa formation, à son fonctionnement, ensuite par rapport à l'idéologie des sociétés qui en font usage, mais nullement par rapport à l'appareil neurobiologique des individus composant ces sociétés. Cet appareil permettant la vision est chez les Grecs de l'Antiquité absolument identique à celui des Européens du XXe siècle. Mais les problèmes de la couleur ne se réduisent nullement à des problèmes biologiques ou neurobiologiques. Ils sont en grande partie sociaux et idéologiques.

Cette même difficulté à nommer le bleu se retrouve en latin classique (et plus tard en latin médiéval). Certes, il existe ici quantité de termes *(caeruleus, caesius, glaucus, cyaneus, lividus, venetus, aerius, ferreus)*, mais tous sont polysémiques, chromatiquement imprécis et d'emploi discordant. À commencer par le moins rare d'entre eux, *caeruleus*, qui étymologiquement évoque la couleur de la cire, *cera* (entre blanc, brun et jaune), puis désigne certaines nuances de vert ou de noir, avant de se spécialiser dans la gamme des bleus[29]. Cette imprécision et cette instabilité du lexique des bleus sont en fait le reflet du peu d'intérêt que les auteurs romains, et à leur suite ceux du premier Moyen Âge chrétien, portent à cette couleur. Ce qui plus tard favorisera l'introduction de deux mots nouveaux dans le lexique latin pour désigner le bleu, l'un venu des langues germaniques *(blavus)*, l'autre de l'arabe *(azureus)*. Ce sont ces mots qui finiront par prendre le pas sur les autres et par s'imposer dans les langues romanes. Ainsi en français – comme du reste en italien et en espagnol – les deux mots les plus courants pour désigner la couleur bleue ne sont pas hérités du latin mais de l'allemand et de l'arabe : « bleu » *(blau)* et « azur » *(lazaward)*[30].

Par leurs silences, leurs hésitations, leurs évolutions, leurs fréquences ou leurs raretés, les mots – et d'une manière générale les faits de lexique – apportent ainsi à l'historien de la couleur bleue un ensemble de témoignages d'une importance considérable.

Si donc les Romains ne sont pas « aveugles au bleu » comme l'ont cru quelques érudits du XIXe siècle, ils lui sont au mieux indifférents, au pire hostiles. En fait, pour eux, le bleu est surtout la couleur des Barbares, Celtes et Germains, qui aux dires de César et de Tacite ont l'habitude de se teindre le corps de cette couleur afin d'effrayer leurs adversaires [31]. Ovide ajoute que les Germains vieillissant se teignent les cheveux avec de la guède pour rendre plus sombres leurs cheveux blancs. Pline va jusqu'à affirmer que les femmes des Bretons se peignent le corps en bleu foncé avec le même colorant *(glastum)* avant de se livrer à des rituels orgiaques ; il en conclut que le bleu est une couleur dont il faut se méfier ou se détourner [32].

De fait, à Rome se vêtir de bleu est en général dévalorisant, excentrique (surtout sous la République et au début de l'Empire) ou bien signe de deuil. Au reste, cette couleur, disgracieuse quand elle est claire, inquiétante quand elle est sombre, est souvent associée à la mort et aux enfers [33]. Quant à avoir les yeux bleus, c'est presque une disgrâce physique. Chez la femme, c'est la marque d'une nature peu vertueuse [34] ; chez l'homme, un trait efféminé, barbare ou ridicule. Et le théâtre, évidemment, se plaît à pousser de tels attributs jusqu'à la caricature [35]. Térence, par exemple, associe à plusieurs reprises les yeux bleus aux cheveux roux et frisés, ou bien à la taille gigantesque ou à la corpulence adipeuse, tous signes dévalorisants pour les Romains de l'époque républicaine. Voici comment il décrit un personnage ridicule dans sa comédie *Hecyra,* écrite vers 160 avant notre ère : « Un géant obèse, ayant les cheveux rouges et crépus, les yeux bleus et le visage pâle comme celui d'un cadavre [36]. »

Pas de bleu dans l'arc-en-ciel ?

Les controverses que l'on vient d'évoquer à propos de l'éventuelle cécité des Grecs et des Romains à la couleur bleue ne s'appuient que sur le vocabulaire et sur les pratiques de nomination. Elles auraient pu et dû prendre aussi en compte différents textes scientifiques de l'Antiquité classique parlant de la nature et de la vision des couleurs[37]. Certes, ces textes ne sont pas très nombreux et ne parlent pas des couleurs individuellement ; le contraste est même grand entre l'abondance des traités (surtout grecs) concernant la physique de la lumière, les problèmes d'optique, les mécanismes généraux de la vision ou les maladies propres à l'œil, et la pauvreté du discours spécifique sur la vision des couleurs. Mais ce discours existe[38] et il sera en grande partie repris par la science arabe puis par celle de l'Occident médiéval[39]. Même s'il est silencieux sur le cas spécifique du bleu, il importe d'en évoquer ici les grandes lignes.

Dans la science grecque, puis romaine, certaines théories concernant la vision sont très anciennes et traversent les siècles sans évoluer ; d'autres sont plus récentes et plus dynamiques. Trois grands courants s'opposent[40]. Soit on admet encore, comme le faisait déjà Pythagore six siècles avant notre ère, que des rayons sortent de l'œil et vont chercher la substance et les « qualités » des objets qui sont vus – et parmi ces « qualités » figure naturellement la couleur. Soit, comme Epicure, on pense au contraire que ce sont les corps eux-mêmes qui émettent des rayons ou des particules se dirigeant vers l'œil. Soit, plus récemment et plus généralement à partir des IVe-IIIe siècles, on considère, à la suite de Platon[41], que la vision des couleurs provient de la rencontre d'un « feu » visuel sorti de l'œil et de rayons émis par les corps perçus ; selon que les particules composant ce feu visuel sont plus grandes ou plus petites que celles qui composent les rayons émis par les corps, l'œil perçoit telle ou telle couleur. Malgré les compléments apportés par Aristote à cette théorie mixte de la vision des couleurs (importance du milieu ambiant, de la matière des objets, de l'identité ou de la personnalité de celui qui regarde)[42] – compléments qui auraient dû ouvrir la voie vers des réflexions nouvelles – et malgré l'amélioration des connaissances concernant la structure de l'œil, la nature de ses différentes membranes ou humeurs et le rôle du nerf optique (bien mis en valeur par Galien au IIe siècle de notre ère), c'est cette théorie mixte (extramission/intromission), héritée de Platon et des savants grecs de l'époque hellénistique[43], qui perdurera en Occident jusqu'à l'aube des temps modernes.

Elle ne dit rien en particulier de la couleur bleue mais, à la suite d'Aristote, elle souligne comment toute couleur est mouvement : la couleur se meut comme la lumière et elle met en mouvement tout ce qu'elle touche. Par là même, la vision colorée est une action, fortement dynamique, résultant d'une rencontre entre deux rayons.

Bien que cela ne soit véritablement formulé par aucun auteur, ni antique ni médiéval, il semble même se dégager de certains textes scientifiques ou philosophiques l'idée que, pour que le « phénomène couleur » puisse se produire, trois éléments sont indispensables : une lumière, un objet sur lequel tombe cette lumière et un regard qui fonctionne à la fois comme un émetteur et un récepteur[44]. Il semble également admis par tous les auteurs qu'une couleur que personne ne regarde est une couleur qui n'existe pas[45]. En étant quelque peu anachronique (et en simplifiant beaucoup les problèmes), on peut souligner que cette conception presque « anthropologique » de la couleur semble, avec une vingtaine de siècles d'avance, donner raison à Goethe contre Newton.

Si les textes grecs et romains concernant la nature et la vision des couleurs sont peu nombreux, en revanche, ceux qui spéculent sur l'arc-en-ciel abondent et retiennent l'attention des plus grands savants. Ces textes ne sont pas seulement descriptifs, poétiques ou symboliques ; ils sont aussi, comme les *Météorologiques* d'Aristote, véritablement scientifiques[46]. Ils prennent ainsi en compte la courbure de l'arc, sa position par rapport au soleil, la nature des nuages et, surtout, les phénomènes de réflexion et de réfraction des rayons lumineux[47]. Même si les auteurs ne s'accordent pas, loin s'en faut, leur désir de savoir et de prouver est considérable. Ils s'efforcent notamment de déterminer le nombre des couleurs visibles dans l'arc et, en les isolant et en les nommant, de définir la séquence que celles-ci forment en son sein. Les opinions se partagent entre trois, quatre et cinq couleurs. Un seul auteur, Ammien Marcellin, pousse le nombre jusqu'à six. Aucun ne met en avant une séquence ou un fragment de séquence qui pourrait avoir un rapport quelconque avec le spectre ; c'est évidemment beaucoup trop tôt. En outre, aucun ne mentionne la couleur bleue. Ni pour les Grecs, ni pour les Romains, il n'y a de bleu dans l'arc-en-ciel : Xénophane et Anaximène (VIe siècle avant J.-C.) et plus tard Lucrèce (98-55 avant J.-C.) y voient le rouge, le jaune et le violet ; Aristote (384-322 avant J.-C.) et la plupart de ses disciples, le rouge, le jaune ou le vert et le violet ; Épicure (341-270 avant J.-C.), y voit le rouge, le vert, le jaune et le violet ; Sénèque (4 avant - 64 après J.-C.), le pourpre, le violet, le vert, l'orangé et le rouge ; Ammien Marcellin (v. 330-400), le pourpre, le violet, le vert, l'orangé, le jaune et le rouge[48]. Tous, ou presque, voient dans l'arc-en-ciel une atténuation de la lumière solaire traversant un milieu aqueux, plus dense que l'air. Les controverses portent essentiellement sur les phénomènes de réflexion, de réfraction ou d'absorption des rayons lumineux, sur leur mesure et sur celle de leurs angles.

Ces spéculations, ces démonstrations, ces séquences colorées visibles dans l'arc-en-ciel se transmettront à la science arabe puis médiévale. Au XIIIe siècle notamment, de très grands savants commentant les *Météorologiques* d'Aristote et l'optique arabe, principalement celle d'Alhazen, spéculeront à leur tour sur l'arc-en-ciel : Robert Grosseteste[49], John Pecham[50], Roger Bacon[51], Thierry de Freiberg[52], Witelo[53]. Tous apporteront leur pierre et feront progresser les connaissances, mais aucun ne décrira l'arc-en-ciel tel que nous le voyons aujourd'hui ni, surtout, n'y décèlera la moindre trace de bleu.

Le haut Moyen Âge : silences et discrétion du bleu

Dans la symbolique et la sensibilité du haut Moyen Âge occidental, le bleu reste une couleur peu valorisée et peu valorisante, comme elle l'était dans la Rome antique. Au mieux, elle ne compte pas, ou en tout cas moins que les trois couleurs autour desquelles s'organisent encore tous les codes de la vie sociale et religieuse : le blanc, le noir et le rouge. Elle compte même moins que le vert, couleur de la végétation et du destin des hommes, et couleur qui passe parfois pour « intermédiaire » entre les trois autres. Le bleu n'est rien, ou peu de chose ; à peine la couleur du ciel, qui pour beaucoup d'auteurs et d'artistes est plus souvent blanc, rouge ou doré que vraiment bleu.

Cette pauvreté symbolique n'empêche pas le bleu d'être présent dans la vie quotidienne, notamment sur les étoffes et les vêtements à l'époque mérovingienne. Il s'agit là d'un héritage barbare, lié à l'habitude qu'avaient les Celtes et les Germains de teindre en bleu, en utilisant la guède, leurs vêtements ordinaires et un certain nombre d'objets en cuir ou en peau. Mais dès l'époque carolingienne ces pratiques sont en recul. Les empereurs, les grands et leur entourage adoptent les usages romains : priorité au rouge, au blanc, au pourpre ; éventuellement au vert que l'on associe au rouge, ces deux couleurs formant pour l'œil des hommes et des femmes du haut Moyen Âge un contraste faible, sans rapport avec le contraste violent que ces deux couleurs juxtaposées constituent pour notre œil moderne[54]. Quant au bleu, il ne se voit pour ainsi dire jamais à la cour, est délaissé par les grands et n'est porté que par les paysans et les personnes de basse condition ; il en sera ainsi jusqu'au XIIe siècle.

L'exemple du vêtement souligne combien, pendant le haut Moyen Âge, le bleu demeure discret dans la vie quotidienne ; discret mais pas totalement absent. Sur certains terrains, en revanche, il ne se rencontre pratiquement jamais : l'anthroponymie, la toponymie, la liturgie, le monde des symboles et des emblèmes. Aucun nom de personne, aucun nom de lieu, ni en latin ni plus tard dans les langues vernaculaires, ne se construit autour d'un mot ou d'une racine évoquant la couleur bleue. Celle-ci est beaucoup trop pauvre, symboliquement et socialement, pour donner naissance à de telles créations[55]. Le rouge, le blanc et le noir, au contraire, y sont massivement présents et montrent comment, jusqu'à une date avancée, ces trois couleurs de base des sociétés anciennes restent celles autour desquelles s'articulent tous les codes de la couleur. Même le christianisme, qui voue pourtant un culte privilégié au ciel et à la lumière divine, et qui commande et conditionne tous les domaines de la vie sociale, morale, intellectuelle et artistique, ne parvient pas à mettre fin à cette primauté absolue. Pendant plus d'un millénaire, c'est-à-dire jusqu'aux vitraux à fond bleu de la première moitié du XIIe siècle, le bleu demeure pratiquement absent de l'église et du culte chrétien. À cet égard, l'absence du bleu dans le système des couleurs liturgiques est particulièrement instructive. Il vaut la peine de s'y attarder. Ce sera l'occasion de parler des autres couleurs et de leur symbolique, l'histoire du bleu ne pouvant aucunement être envisagée isolément.

Dans les premiers temps du christianisme, on observe dans le culte une prédominance de la couleur blanche ou des étoffes et des vêtements non teints, le prêtre célébrant l'office avec son costume ordinaire. Puis, peu à peu, le blanc semble réservé à la fête de Pâques et aux fêtes les plus solennelles de l'année. Plusieurs auteurs s'accordent déjà pour voir dans cette couleur celle qui est aux yeux de l'Église chargée de la plus grande dignité[56]. C'est la couleur pascale par excellence ; c'est aussi celle des catéchumènes[57]. Toutefois, teindre une étoffe dans un blanc bien blanc est un exercice difficile, et la blancheur pascale reste souvent un horizon théorique. Cette difficulté perdure au moins jusqu'au XIVe siècle : avant cette date, en effet, la teinture en blanc n'est guère possible que pour le lin, et encore est-ce une opération complexe. Pour la laine, on se contente souvent de teintes naturelles, « blanchies » sur le pré avec l'eau fortement oxygénée de la rosée du matin et la lumière du soleil. Mais cela est lent et long, demande beaucoup de place et est impossible l'hiver. En outre, le blanc ainsi obtenu n'est pas vraiment blanc : il redevient bis, jaune ou écru au bout de quelque temps. C'est pourquoi, dans les églises du haut Moyen Âge, il est rare que les étoffes et les vêtements du culte soient teints d'un blanc vraiment blanc.

L'utilisation tinctoriale de certaines plantes (de la famille des saponaires), de lessives à base de cendres ou même de terres et de minerais (magnésie, craie, céruse) donne aux tissus blancs des reflets grisâtres, verdâtres ou bleutés et leur ôte une partie de leur éclat[58].

La naissance des couleurs liturgiques

À partir de l'époque carolingienne, peut-être même antérieurement (dès le VIIe siècle lorsqu'un certain luxe fait son entrée dans l'église), l'or et les couleurs brillantes s'emparent des tissus et du vestiaire cultuels. Mais les usages varient selon les diocèses. La liturgie est en grande partie placée sous le contrôle des évêques et les rares discours livresques sur la symbolique des couleurs soit n'ont pas de portée pratique, soit ne valent que pour un ou quelques diocèses. En outre, dans les textes normatifs qui nous sont parvenus, il est rarement question des couleurs proprement dites[59]. Conciles, prélats et théologiens se contentent de condamner les vêtements rayés, bariolés ou trop voyants – et ils continueront de le faire au moins jusqu'au concile de Trente[60] – et de rappeler la primauté christologique de la couleur blanche. C'est la couleur de l'innocence, de la pureté, du baptême, de la conversion, de la joie, de la résurrection, de la gloire et de la vie éternelle[61].

Après l'an mil, les textes sur la symbolique religieuse des couleurs se font plus nombreux[62]. Anonymes, difficiles à dater et à localiser, ces textes restent spéculatifs et ne prétendent pas décrire les usages de tel ou tel diocèse, encore moins ceux de la Chrétienté dans son ensemble. Au reste, ils glosent sur un nombre de couleurs – sept, huit, douze – supérieur à celui dont se sert alors le culte chrétien et dont il se servira par la suite. Pour l'historien, la difficulté est d'apprécier la portée qu'ont pu avoir ces textes sur les pratiques véritables. Mais ce qui est particulièrement instructif par rapport au sujet qui nous occupe, c'est l'absence de tout discours, de toute mention même, concernant la couleur bleue. Comme si cette dernière n'existait pas. Alors qu'il y a dans ces textes place pour disserter sur trois nuances de rouge *(ruber, coccinus, purpureus)*, sur deux nuances de blanc *(albus* et *candidus)* et de noir *(ater* et *niger)*, voire sur le vert, le jaune, le violet, le gris et l'or, rien n'est dit du bleu. Et ce silence n'est nullement comblé par les textes des siècles suivants.

À partir du XIIe siècle, en effet, les grands liturgistes (Honorius Augustodunensis, Rupert de Deutz, Hugues de Saint-Victor, Jean d'Avranches, Jean Beleth[63]) commencent à parler de plus en plus fréquemment des couleurs. Sur la signification des trois principales ils paraissent s'accorder : le blanc évoque la pureté et l'innocence[64] ; le noir, l'abstinence, la pénitence et l'affliction[65] ; le rouge, le sang versé par et pour le Christ, la Passion, le martyre, le sacrifice et l'amour divin[66]. Ils diffèrent parfois sur les autres couleurs : le vert (couleur « moyenne » : *medius color*), le violet (sorte de « demi-noir » : *subniger*, et non pas mélange de rouge et de bleu), accessoirement le gris et le jaune. Mais chez aucun de ces auteurs il n'est question de bleu. Le bleu n'existe pas.

Il n'existe pas davantage sous la plume de celui dont le discours sur les couleurs liturgiques va rester dominant jusqu'au concile de Trente : le cardinal Lothaire Conti de Segni, futur pape sous le nom d'Innocent III. Vers 1194-1195, en effet, alors qu'il n'est que cardinal-diacre et que le pontificat de Célestin III l'a pour un temps éloigné des affaires de la curie, le cardinal Lothaire rédige plusieurs traités, dont un traité sur la messe, le fameux *De sacro sancti altari mysterio*[67]. C'est une œuvre de jeunesse où, selon les habitudes du temps, l'auteur compile et cite beaucoup. Mais ce texte a pour nous le mérite de résumer ou de compléter ce qui s'est écrit avant lui sur ce sujet. En outre, pour ce qui concerne les couleurs des étoffes et des vêtements liturgiques, son témoignage est d'autant plus précieux qu'il décrit, avec un certain nombre de détails, les usages ayant cours dans le diocèse de Rome avant son propre pontificat. Jusque-là les usages romains pouvaient être pris comme références – c'était notamment ce que recommandaient beaucoup de liturgistes et de canonistes – mais ils n'avaient pas encore de véritable portée normative à l'échelle de la Chrétienté ; évêques et fidèles restaient souvent attachés aux traditions locales, notamment en Espagne et dans les îles Britanniques. Grâce au prestige immense d'Innocent III, les choses changèrent dans le courant du XIIIe siècle. L'idée s'imposa de plus en plus fortement que ce qui était valide à Rome avait une portée presque légale. Surtout, les écrits de ce pape, fussent-ils des œuvres de jeunesse, devinrent des « autorités ». Ce fut le cas du traité sur la messe. Le chapitre sur les couleurs fut non seulement repris par beaucoup d'auteurs du XIIIe siècle, mais il commença aussi à être mis en pratique dans plusieurs diocèses, certains fort éloignés de Rome. En ce domaine, la tendance allait lentement vers une plus grande unité de la liturgie. Voyons ce que ce traité nous dit des couleurs.

Le blanc, symbole de pureté, est utilisé pour les fêtes des anges, des vierges et des confesseurs, pour Noël et pour l'Épiphanie, pour le jeudi saint, pour le dimanche de Pâques, pour l'Ascension et pour la Toussaint. Le rouge, qui rappelle ici encore le sang versé par et pour le Christ, s'emploie pour les fêtes des apôtres et des martyrs, pour celle de la Sainte Croix et pour la Pentecôte. Le noir, lié au deuil et à la pénitence, sert pour les messes des défunts ainsi que pendant le temps de l'Avent, pour la fête des Saints Innocents et tout au long du Carême. Le vert, enfin, est utilisé les jours où ni le blanc ni le rouge ni le noir ne conviennent, parce que – et c'est là pour l'historien des couleurs une notation du plus grand intérêt – « le vert se situe à mi-chemin entre le blanc, le noir et le rouge ». L'auteur précise aussi que l'on peut quelquefois remplacer le noir par du violet et le vert par du jaune[68]. En revanche, comme ses prédécesseurs, il ne dit rien, absolument rien de la couleur bleue.

Silence étonnant puisque au moment où il écrit – l'extrême fin du XIIe siècle – le bleu a déjà commencé sa « révolution » : par le vitrail, par l'émail, par la peinture, par l'étoffe et le vêtement, il a, depuis quelques décennies déjà, fait pleinement son entrée dans l'église. Mais il est absent du système des couleurs liturgiques et le restera à jamais. Ce système s'est constitué trop tôt pour accorder une place quelconque à la couleur bleue. Jusqu'à nos jours, dans le culte catholique, il est resté construit autour des trois couleurs « primaires » des sociétés anciennes : le blanc, le noir, le rouge, trois couleurs auxquelles une quatrième a été ajoutée pour servir de « soupape » les jours ordinaires : le vert.

Prélats chromophiles et prélats chromophobes

Pas de bleu, donc, dans le code des couleurs liturgiques. Dans les images et les œuvres d'art du haut Moyen Âge, en revanche, les problèmes sont plus complexes et plus nuancés. Le bleu n'y est pas toujours présent, loin s'en faut, mais il y joue parfois un rôle important. En fait, il faut ici distinguer plusieurs périodes. À l'époque paléochrétienne, le bleu est surtout employé dans la mosaïque, associé au vert, au jaune et au blanc ; il y est nettement distinct du noir, ce qui n'est pas le cas dans la peinture murale ni, plus tard, dans l'enluminure. Longtemps, dans les livres peints, le bleu est rare et sombre; c'est une couleur de second plan ou une couleur périphérique, n'ayant pas de symbolique propre et ne participant pas, ou guère, à la signification des œuvres d'art et des images. Nombreuses sont du reste jusqu'au Xe ou XIe siècle les enluminures d'où il est totalement absent, surtout dans les îles Britanniques et dans la péninsule Ibérique.

Dans les miniatures produites à l'intérieur de l'Empire carolingien, en revanche, dès le IXe siècle le bleu commence à se faire moins discret : c'est à la fois une couleur de fond servant à mettre en scène la majesté des souverains ou des prélats, une des couleurs du ciel aidant à signifier la présence ou l'intervention divine, et, parfois déjà, la couleur du vêtement de certains personnages (l'empereur, la Vierge, tel ou tel saint). Dans ce dernier emploi, il ne s'agit pas d'un bleu lumineux mais d'un bleu sombre, tirant sur le gris ou sur le violet. Aux approches de l'an mil, la plupart des bleus de l'enluminure s'éclairent et se désaturent; ce faisant, ils tendent à jouer dans certaines images le rôle d'une véritable « lumière », venant du plan le plus éloigné de l'œil du spectateur pour « illuminer » les plans les plus rapprochés. C'est ce rôle de lumière divine et de surface d'inscription des figures que le bleu remplira quelques décennies plus tard dans les vitraux du XIIe siècle. Un bleu clair et lumineux, pratiquement inaltérable, qui ne fera plus couple avec le vert, comme c'était souvent le cas dans la peinture du haut Moyen Âge, mais avec le rouge.

Ce lien entre le bleu et le fond des images se rattache à une nouvelle théologie de la lumière, en germe dès la fin de l'époque carolingienne, mais qui ne triomphera pleinement que dans la première moitié du XIIe siècle. Nous y reviendrons plus loin et étudierons comment en Occident ce bleu est peu à peu devenu la couleur des cieux, de la Vierge puis des rois. Toutefois, soulignons dès maintenant comment cette mutation et cette promotion s'inscrivent au cœur de violentes controverses qui à plusieurs reprises, pendant une large partie du Moyen Âge, et même au-delà, ont divisé les hommes d'Église à propos de la couleur et de sa place dans le temple et dans le culte.

Si, en effet, pour les hommes de science, la couleur c'est d'abord de la lumière, il n'en va pas de même pour tous les théologiens, encore moins pour tous les prélats. Nombreux sont ceux qui, comme Claude, évêque de Turin au début du IXe siècle, puis comme saint Bernard au XIIe, pensent que la couleur n'est pas de la lumière mais de la matière, donc quelque chose de vil, d'inutile, de méprisable. Jusqu'au XIIe siècle, ces controverses, nées au début de l'époque carolingienne pendant les querelles des images, reviennent périodiquement sur le devant de la scène et opposent des prélats chromophiles et des prélats chromophobes. À l'horizon des années 1120-1150, elles suscitent même un conflit violent entre les moines de Cluny et ceux de Cîteaux. Il n'est pas inutile de résumer ici les positions des uns et des autres ; elles intéressent au premier chef l'histoire de la couleur bleue, non seulement pour ce qui concerne la période allant du haut Moyen Âge jusqu'au XIIe siècle, mais aussi, comme nous le verrons plus loin, pour le XVIe siècle, celui de la Réforme protestante[69].

Pour la théologie médiévale, la lumière est la seule partie du monde sensible qui soit à la fois visible et immatérielle. Elle est « visibilité de l'ineffable » (saint Augustin) et, comme telle, émanation de Dieu. D'où une question : la couleur, si elle est lumière, est-elle aussi immatérielle ? Ou bien n'est-elle que matière, simple enveloppe habillant les objets ? Pour l'Église, l'enjeu est d'importance. Si la couleur est lumière, elle participe du divin par sa nature même. Chercher à étendre ici-bas – notamment dans l'église – la place de la couleur, c'est repousser les ténèbres au profit de la lumière, donc de Dieu. Quête de la couleur et quête de la lumière sont indissociables. Mais si, au contraire, la couleur est une substance matérielle, une simple enveloppe, elle n'est en rien émanation de la divinité, mais un artifice futile ajouté par l'homme à la Création. Il faut la rejeter, la combattre, la chasser du temple car elle est à la fois immorale et nocive, faisant obstacle au *transitus* qui doit conduire l'homme vers Dieu.

Ces questions débattues depuis les VIIIe-IXe siècles, parfois même plus en amont, sont encore objets de débats passionnés au milieu du XIIe. Ceux-ci ne sont pas seulement théologiques ou spéculatifs ; ils ont aussi une portée concrète sur la vie quotidienne, sur le culte et sur la création artistique. Les réponses que l'on y apporte déterminent la place de la couleur dans l'environnement et le comportement du bon chrétien, dans les lieux qu'il fréquente, dans les images qu'il contemple, dans les vêtements qu'il porte, dans les objets qu'il manipule. Elles conditionnent, aussi et surtout, la place et le rôle de la couleur dans l'église et dans les pratiques artistiques et liturgiques.

Il existe en effet des prélats chromophiles, qui assimilent couleur et lumière, et des prélats chromophobes, qui ne voient dans la couleur que de la matière. Parmi les premiers, le plus célèbre est Suger qui, à l'horizon des années 1130-1140, lorsqu'il fait rebâtir son église abbatiale de Saint-Denis, accorde à la couleur une place considérable. Pour lui, comme pour les grands abbés de

Cluny des deux siècles précédents, rien n'est trop beau pour la maison de Dieu. Toutes les techniques et tous les supports, peintures, vitraux, émaux, étoffes, pierreries, orfèvrerie, sont sollicités pour faire de la basilique un temple de la couleur, car lumière, beauté et richesse, nécessaires pour vénérer Dieu, s'expriment d'abord par les couleurs[70]. Parmi celles-ci, le bleu joue désormais un rôle essentiel car, comme l'or, le bleu est lumière, lumière divine, lumière céleste, lumière sur laquelle s'inscrit tout ce qui est créé. Désormais, et pour plusieurs siècles, il y aura dans l'art occidental presque synonymie entre la lumière, l'or et le bleu.

Cette conception de la couleur, et spécialement de la couleur bleue, revient plusieurs fois dans les écrits de Suger, notamment dans le *De consecratione*[71]. Pour lui qui rêve de bâtir une église avec des pierres précieuses – comme la Jérusalem céleste vue par Isaïe (Is **60**, 1-6) et par saint Jean (Ap **21**, 9-27) – le saphir est la plus belle des pierres et le bleu lui est constamment assimilé. Il suscite l'impression de sacré et laisse pleinement la lumière de Dieu pénétrer dans l'église[72]. De telles idées sont peu à peu reprises par de nombreux prélats et, tout au long du siècle suivant, sont mises en œuvre dans la construction des édifices gothiques. Le plus beau produit en est peut-être la Sainte-Chapelle de Paris, conçue et construite au milieu du XIIIe siècle comme un sanctuaire de la lumière et de la couleur. Le bleu y est toutefois moins clair qu'au XIIe siècle et, comme dans la plupart des grandes églises gothiques, son association systématique avec le rouge lui confère souvent un aspect violacé.

Cependant, les positions de Suger sur la couleur et la lumière ont aussi des adversaires. De l'époque carolingienne jusqu'à la Réforme, il existe des prélats bâtisseurs qui sont chromophobes. Sans doute sont-ils moins nombreux que les premiers, mais ils peuvent se recommander de l'exemple et de l'autorité de plusieurs prélats ou théologiens célèbres ; à commencer par saint Bernard. Pour l'abbé de Clairvaux, en effet, la couleur est matière bien avant d'être lumière. C'est une enveloppe, un fard, une *vanitas* dont il convient de s'affranchir et qu'il faut chasser du temple[73]. D'où cette absence de couleur dans la plupart des églises cisterciennes. Bernard n'est pas seulement iconoclaste (la seule image qu'il tolère est le crucifix), il est aussi fortement chromophobe, et avec lui le sont également différents prélats, pas seulement cisterciens, ennemis de tout luxe. Au XIIe siècle, ces prélats sont encore relativement nombreux, même si leur position n'est pas la position dominante. Comme saint Bernard, ils appuient leur rejet de la couleur sur une étymologie du mot latin *color* qui rattache ce terme à la famille du verbe *celare*, cacher : la couleur c'est ce qui cache, ce qui dissimule, ce qui trompe[74]. Il faut s'en abstenir. Au XIIe siècle, les couleurs qui dans une église sont données à voir (ou à ne pas voir) aux moines ou aux fidèles, peuvent donc être liées à la définition même qu'un prélat ou un théologien a de la couleur[75]. Il n'en sera plus ainsi au siècle suivant.

2. Une couleur nouvelle

XIe-XIVe siècle

Après l'an mil, et plus encore à partir du XIIe siècle, le bleu cesse d'être en Occident la couleur de second plan ou de pauvre renom qu'il était pendant l'Antiquité romaine et le haut Moyen Âge. Bien au contraire, il devient rapidement une couleur à la mode, une couleur aristocratique, et même déjà la plus belle des couleurs selon certains auteurs. En quelques décennies, son statut change, sa valeur économique décuple, sa vogue dans le vêtement s'accentue, sa place dans la création artistique se fait envahissante. Étonnante et soudaine promotion qui témoigne d'une réorganisation totale de la hiérarchie des couleurs dans les codes sociaux, dans les systèmes de pensée et dans les modes de sensibilité.

Ce nouvel ordre des couleurs, dont les prémices se font sentir dès la fin du XIe siècle, ne concerne évidemment pas la seule couleur bleue. Toutes les couleurs sont concernées. Mais le sort réservé au bleu et la remarquable promotion qui est simultanément la sienne en de nombreux domaines sont pour l'historien de bons fils conducteurs pour étudier cette mutation culturelle de grande ampleur.

Le rôle de la Vierge

C'est dans l'art et dans les images que la montée des tons bleus se fait sentir le plus précocement, dès le tournant des XIe-XIIe siècles. Non pas que précédemment le bleu ait été absent de la création artistique, bien évidemment. Nous avons dit combien il était abondant dans la mosaïque paléochrétienne et présent dans les miniatures de l'époque carolingienne. Mais jusqu'au XIIe siècle, le bleu reste souvent une couleur secondaire ou périphérique ; sur le plan symbolique, il compte moins que les trois « couleurs de base » des cultures anciennes : le rouge, le blanc et le noir. Puis, soudain, tout change en quelques décennies, comme le montrent dans les arts de la couleur son nouveau statut pictural et iconographique ainsi que sa vogue grandissante dans les armoiries et dans les usages vestimentaires. L'exemple du vêtement de la Vierge servira de point de départ à nos analyses, car il permet de cerner les modalités et les enjeux de cette rapide et intense promotion.

Marie, en effet, n'a pas toujours été habillée de bleu. Il faut même attendre le XIIe siècle pour que dans la peinture occidentale elle soit prioritairement associée à cette couleur et que celle-ci devienne un de ses attributs obligés : le bleu prend désormais place soit sur son manteau (cas le plus fréquent), soit sur sa robe, soit, plus rarement, sur l'ensemble de sa tenue vestimentaire. Auparavant, dans les images, Marie peut être vêtue de n'importe quelle couleur mais il s'agit presque toujours d'une couleur sombre : noir, gris, brun, violet, bleu ou vert foncé. L'idée qui domine est celle d'une couleur d'affliction, une couleur de deuil. La Vierge porte le deuil de son fils mort sur la Croix. Cette idée est déjà présente dans l'art paléochrétien – dans la Rome impériale on porte parfois des vêtements noirs ou sombres à l'occasion des funérailles d'un parent ou d'un ami [76] – et se prolonge dans l'art carolingien et ottonien. Toutefois, dans la première moitié du XIIe siècle, cette palette va en se réduisant, et le bleu tend à remplir à lui tout seul ce rôle d'attribut marial du deuil. En outre, il s'éclaircit, se fait plus séduisant : de terne et sombre qu'il était depuis plusieurs siècles, il devient plus franc et plus lumineux. Les maîtres verriers et les enlumineurs s'efforcent de mettre en accord ce nouveau bleu marial avec la conception nouvelle de la lumière que les prélats bâtisseurs et commanditaires empruntent aux théologiens.

L'extraordinaire développement du culte marial assure la promotion de ce nouveau bleu et l'étend rapidement à tous les domaines de la création artistique. C'est à l'horizon des années 1140 que les peintres verriers mettent au point le célèbre « bleu de Saint-Denis », lié à la reconstruction de l'église abbatiale. Quelques années plus tard, lorsque les hommes et les techniques du chantier de Saint-Denis se déplacent vers l'ouest, ce bleu devient à la fois le « bleu de Chartres » et le « bleu du Mans » ; puis il se diffuse plus largement et fait son entrée dans un grand nombre de verrières pendant la seconde moitié du XIIe siècle et les premières années du XIIIe [77].

Ce bleu verrier exprime une conception nouvelle du ciel et de la lumière. Toutefois, au fil des décennies, il se diversifie en de nouvelles nuances, au point parfois, dans l'art du XIIIe siècle, de prendre des tonalités plus sombres ou plus denses. Cela est dû en partie à des contraintes techniques et financières (emploi de plus en plus fréquent du cuivre ou du manganèse à la place du cobalt) et entraîne de véritables mutations esthétiques : le bleu gothique de la Sainte-Chapelle, vers 1250, n'a plus grand rapport avec le bleu roman de Chartres, posé sur les verrières près d'un siècle plus tôt[78].

À la même époque, les émailleurs s'efforcent d'imiter les maîtres verriers. Ce faisant, ils contribuent à diffuser les nouveaux tons de bleu sur un certain nombre d'objets liturgiques (calices, patènes, pyxides, reliquaires) et d'objets de la vie quotidienne, notamment les gémellions (bassins servant à se laver les mains avant les repas). Plus tard, dans la peinture des livres manuscrits, les enlumineurs commencent à associer ou à opposer systématiquement des fonds rouges et des fonds bleus à l'intérieur des miniatures. Plus tard encore, dans les premières décennies du XIIIe siècle, quelques grands personnages, à l'imitation de la reine du ciel, se mettent à porter des vêtements bleus, ce qui aurait été impensable deux ou trois générations plus tôt. Saint Louis est le premier roi de France qui le fasse régulièrement.

En s'habillant de bleu dans les images, la Vierge a donc grandement contribué à la valorisation nouvelle de cette couleur dans la société. Nous verrons plus loin comment cette valorisation s'est exprimée sur l'étoffe et le vêtement. Évoquons ici, pour ne pas y revenir, comment évolua le bleu marial après la fin de l'époque gothique, apogée de sa vogue.

L'art gothique, en effet, n'a pas réussi à vouer définitivement la Vierge à la couleur bleue, même si au début de l'époque moderne cette couleur reste son attribut chromatique privilégié. Avec l'art baroque, une mode nouvelle se met progressivement en place : celle des vierges d'or ou dorées, couleur passant pour celle de la lumière divine. Cette mode triomphe au XVIIIe siècle et se maintient fort avant dans le XIXe. Cependant, à partir de l'adoption du dogme de l'Immaculée Conception – selon lequel Marie, dès le premier instant de sa conception, par un privilège unique de Dieu, a été préservée de la souillure du péché originel –, dogme définitivement reconnu par le pape Pie IX en 1854, la couleur iconographique de la Vierge devient le blanc, symbole de pureté et de virginité. Dès lors, pour la première fois depuis les temps les plus anciens du christianisme, la couleur iconographique de Marie et sa couleur liturgique sont enfin identiques : le blanc. Dans la liturgie en effet, depuis le Ve siècle pour certains diocèses et depuis le pontificat d'Innocent III (1198-1216) pour une bonne partie de la Chrétienté romaine, les fêtes de la Vierge sont associées à la couleur blanche[79].

Au fil des siècles, la Vierge est ainsi passée par toutes les couleurs, ou presque, comme le montre une étonnante statue taillée dans un beau bois de tilleul peu après l'an mil et aujourd'hui conservée au musée de Liège. Cette Vierge romane avait d'abord été peinte en noir, comme c'était fréquemment le cas à cette époque. Au XIIIe siècle, elle fut repeinte en bleu, selon les canons de l'iconographie et de la théologie gothiques. Mais à la fin du XVIIe siècle, cette même Vierge fut, comme tant d'autres, « baroquisée » et quitta le bleu pour le doré, couleur qu'elle conserva pendant deux siècles environ, avant d'être visitée par le dogme de l'Immaculée Conception et, ce faisant, entièrement badigeonnée de peinture blanche (vers 1880). Cette superposition de quatre couleurs successives en un millénaire d'histoire fait de cette fragile sculpture un objet vivant ainsi qu'un exceptionnel document d'histoire picturale et symbolique.

Le témoignage des armoiries

La promotion du bleu aux XIIe et XIIIe siècles ne s'exprime pas seulement dans l'art et dans les images. Elle touche tous les domaines de la vie sociale, agit profondément sur les modes de sensibilité et a des conséquences économiques importantes. Parfois cette promotion peut même s'étudier de manière chiffrée. C'est le cas dans les armoiries, qui apparaissent un peu partout en Europe occidentale dans le courant du XIIe siècle et dont la diffusion est très rapide, tant dans l'espace géographique que dans l'espace social.

L'héraldique est un domaine où l'historien habitué à manier les chiffres et les symboles se trouve en terrain connu. L'étude statistique des armoiries peut en outre servir de point de départ pour différentes enquêtes concernant la vogue et la signification des couleurs. Par rapport à tous les autres documents « en couleurs », elles présentent l'avantage et l'originalité d'ignorer les nuances. Les couleurs du blason sont des couleurs abstraites, conceptuelles, absolues, que l'artiste est libre de traduire comme il l'entend, selon le matériau ou le support sur lequel il travaille. Dans les armoiries du roi de France par exemple – *d'azur semé de fleurs de lis d'or* – l'*azur* (c'est ainsi que l'on qualifie la couleur bleue dans la langue française du blason) est tantôt exprimé par du bleu clair, tantôt par du bleu moyen, tantôt par du bleu foncé ; cela n'a aucune importance ni aucune signification. Au reste, un grand nombre d'armoiries médiévales ne nous sont pas connues par des représentations en couleurs, mais seulement par les descriptions en langage héraldique qu'en donnent les armoriaux ou les textes littéraires. Dans ces textes, les nuances ne sont jamais précisées et les termes de couleur se réduisent à des catégories pures[80]. Par là même, les contraintes ou les contingences dues à la nature des supports, aux possibilités des techniques picturales ou tinctoriales, à la chimie des pigments ou des colorants, aux nuisances du temps ou même aux préoccupations esthétiques n'entrent guère en ligne de compte lorsque l'on tente une étude statistique des couleurs et de leur fréquence dans les armoiries médiévales. C'est là un avantage considérable sur tous les autres documents.

Or une telle étude statistique des couleurs du blason met en valeur une constante progression de l'indice de fréquence de l'*azur* dans les armoiries européennes entre l'époque de leur apparition, vers le milieu du XIIe siècle, et le début du XVe. Cet indice n'est que de 5 % vers 1200, mais il passe à 15 % dès 1250, 25 % vers 1300 et 30 % vers 1400[81]. En d'autres termes, une armoirie sur vingt seulement comporte du bleu à la fin du XIIe siècle, mais près d'une armoirie sur trois au début du xve. La progression est spectaculaire.

À ce tableau d'ensemble, appuyé sur des dépouillements qui prennent en compte des armoiries provenant de toutes les régions d'Europe occidentale, il faut apporter quelques nuances géographiques. L'*azur* est par exemple plus fréquent dans la France de l'Est que dans la France de l'Ouest, aux Pays-Bas qu'en Allemagne, en Italie du Nord qu'en Italie méridionale. Il faut en outre souligner comment, jusqu'au XVIe siècle, les régions d'Europe riches en *azur* (bleu) sont pauvres en *sable* (noir) et réciproquement[82]. D'un point de vue héraldique (mais aussi à d'autres points de vue), le bleu et le noir jouent parfois le même rôle.

Jusqu'au milieu du XIIIe siècle, l'azur est donc rare dans les armoiries portées par des individus ou par des familles véritables. Il l'est aussi dans les armoiries imaginaires. J'ai souligné à différentes reprises la richesse des informations que l'étude des armoiries attribuées par les auteurs et les artistes du Moyen Âge à des personnages « imaginaires » (héros de chansons de geste et de romans courtois, figures bibliques ou mythologiques, saints et personnes divines, vices et vertus personnifiés, etc.) pouvait apporter à l'historien de la symbolique et de la sensibilité médiévales[83]. Je n'y reviens pas ici. Mais pour la question qui nous occupe – la promotion de la couleur bleue aux XIIe et XIIIe siècles – les armoiries imaginaires, et spécialement les armoiries littéraires, fournissent des témoignages nombreux et pertinents. Dans la littérature arthurienne, par exemple, un *topos* héraldique est de ce point de vue exemplaire : l'irruption dans le cours du récit d'un chevalier inconnu portant des armoiries *plaines* – c'est-à-dire d'une seule couleur[84] – qui se dresse sur le chemin du héros et le défie. C'est toujours un événement à fonctionnalité retardée : la couleur des armoiries attribuées à ce chevalier inconnu est pour l'auteur un moyen de faire sentir à qui l'on a affaire et de laisser deviner ce qui va se passer.

Il existe en effet dans les romans arthuriens français des XIIe et XIIIe siècles un code des couleurs fortement récurrent. Un chevalier rouge est ainsi le plus souvent un chevalier animé de mauvaises intentions (ce peut être aussi un personnage qui vient de l'Autre-Monde)[85]. Un chevalier noir est un héros de premier plan qui cherche à cacher son identité ; il peut être bon ou mauvais, le noir n'étant pas toujours négatif dans ce type de littérature[86]. Un chevalier blanc est généralement pris en bonne part ; c'est souvent un personnage âgé, ami ou protecteur du héros[87]. Enfin un chevalier vert est fréquemment un jeune dont le comportement audacieux ou insolent va être cause de désordre ; lui aussi peut être bon ou mauvais[88].

Ce qui frappe dans ce code chromatique littéraire, c'est l'absence totale, jusqu'au milieu du XIIIe siècle, de chevalier bleu. Le bleu ici ne signifie rien. Ou du moins il est encore trop pauvre du point de vue héraldique et symbolique pour être utilisé dans un tel procédé narratif. L'irruption dans le récit d'un chevalier bleu ne saurait être un appel signifiant au lecteur ou à l'auditeur. C'est trop tôt : la promotion de la couleur bleue dans les codes sociaux et dans les systèmes symboliques n'est pas encore achevée, et le code des couleurs des chevaliers rencontrés sur le chemin d'aventure s'est en grande partie élaboré avant cette promotion.

Tout au long du XIVe siècle, cependant, cet emploi des couleurs dans les romans de chevalerie subit quelques transformations (le vaste roman anonyme de *Perceforest*, achevé peu avant le milieu du siècle, en est le premier témoignage[89]). Le noir, par exemple, est désormais souvent pris en mauvaise part ; le rouge au contraire cesse d'être péjoratif. Et, surtout, le bleu fait son apparition. Il existe dorénavant des chevaliers bleus, personnages courageux, loyaux, fidèles. Ce sont d'abord des chevaliers de second plan[90] puis, progressivement, des héros de premier rang. Entre 1361 et 1367, Froissart va même jusqu'à composer un *Dit du bleu chevalier*, ce qui aurait été impensable, parce que non signifiant, à l'époque de Chrétien de Troyes ou des deux générations qui l'ont suivi[91].

Du roi de France au roi Arthur : naissance du bleu royal

Sur ce terrain particulier qu'est l'héraldique, la vogue nouvelle de la couleur bleue bénéficie des services d'un « agent de promotion » remarquable, jouant un rôle comparable à celui de la Vierge dans les images : le roi de France.

Depuis la fin du XIIe siècle, et peut-être même un peu plus en amont, le roi capétien use d'un écu *d'azur semé de fleurs de lis d'or*, c'est-à-dire d'un écu à fond bleu parsemé à intervalles réguliers de fleurs stylisées de couleur jaune. Il est à cette époque le seul souverain d'Occident qui porte du bleu dans ses armoiries. Cette couleur, qui fut d'abord dynastique avant de devenir strictement héraldique, a probablement été choisie quelques décennies plus tôt en hommage à la Vierge, protectrice du royaume de France et de la monarchie capétienne. Suger et saint Bernard ont certainement joué un rôle décisif dans ce choix, comme du reste dans celui de la fleur de lis, autre attribut marial qui devint emblème royal capétien au tournant des règnes de Louis VI et de Louis VII (entre 1130 et 1140), puis se transforma en une véritable figure héraldique au début de celui de Philippe Auguste[92] (vers 1180).

Plus tard, au XIIIe siècle, le prestige du roi de France est devenu tel que bien des familles et des individus, par imitation, introduisent de l'azur dans leurs armoiries, d'abord en France, puis dans toute la Chrétienté occidentale. En même temps, l'azur héraldique, qu'il soit royal ou seigneurial, sort peu à peu du cadre propre des écus ou des bannières pour apparaître sur de nombreux autres supports et dans des contextes qui ne sont plus seulement héraldiques : sacres et couronnements, fêtes et cérémonies, rituels monarchiques, entrées royales ou princières, joutes et tournois, vêtements d'apparat[93]. L'azur du roi de France contribue donc lui aussi grandement à la vogue continue des tons bleus aux XIIIe et XIVe siècles.

D'autant que sur les étoffes, comme nous le verrons un peu plus loin, les progrès des techniques tinctoriales réalisés à partir des années 1200 permettent désormais la fabrication d'un bleu clair et lumineux au lieu des bleus ternes, grisâtres ou délavés des siècles précédents[94]. D'où la vogue croissante de cette couleur dans le vêtement aristocratique et patricien[95], alors qu'elle était jusque-là réservée aux vêtements de travail des artisans et, surtout, des paysans. D'où également les premiers rois – tels Saint Louis[96] ou Henri III d'Angleterre – qui, à l'horizon des années 1230-1250, commencent à se vêtir de bleu, ce que les souverains du XIIe siècle n'auraient sans doute jamais fait. Ces rois sont rapidement imités par leur entourage, et même par le roi Arthur, le principal roi légendaire né de l'imagination médiévale : non seulement dans les images, à partir du milieu du XIIIe siècle, on voit souvent Arthur vêtu de bleu, mais il porte dorénavant pour armoiries un écu *d'azur à trois couronnes d'or*, c'est-à-dire un écu dont les couleurs sont identiques à celles du roi de France[97].

La résistance à cette mode envahissante des bleus royaux et princiers vient surtout des pays germaniques et d'Italie, où le rouge, couleur de l'empereur, retarde quelque peu la promotion du bleu. Mais c'est une résistance de courte durée : à la fin du Moyen Âge, même en Allemagne et en Italie, le bleu est devenu la couleur des rois, des princes, des nobles et des patriciens[98] – le rouge restant la couleur emblématique et symbolique du pouvoir impérial et de la papauté.

Teindre en bleu : la guède et le pastel

La vogue nouvelle des tons bleus à partir du XIIIe siècle est favorisée par les progrès des teintures et par le développement de la culture de la guède. Il s'agit d'une plante crucifère qui pousse à l'état sauvage dans de nombreuses régions d'Europe, sur des sols humides ou argileux. Le principe colorant (l'indigotine) réside essentiellement dans ses feuilles. Dès les années 1230, elle fait, comme la garance, l'objet d'une véritable culture industrielle pour satisfaire la demande grandissante des drapiers et des teinturiers. Les opérations nécessaires pour obtenir le colorant bleu sont longues et complexes. Les feuilles sont d'abord cueillies et broyées à la meule pour obtenir une pâte homogène qu'on laisse fermenter deux ou trois semaines. Ensuite on forme avec cette pâte – le célèbre pastel[99] – des coques ou des tourteaux d'environ un demi-pied de diamètre. Puis on les laisse sécher lentement à l'abri sur des claies, avant de les vendre au bout de quelques semaines au marchand de pastel, le « guèdier ». C'est lui qui fait transformer ces coques en teinture. Travail long, délicat, salissant, nauséabond, nécessitant une main-d'œuvre spécialisée. C'est pourquoi le pastel est un produit cher, même si la guède pousse facilement sur de nombreux terroirs et si pour teindre il n'est pas, ou guère, nécessaire de mordancer, comme il faut le faire abondamment pour les teintures en rouge. Dès les années 1220-1240, certaines régions (Picardie et Normandie, Lombardie, Thuringe, comtés de Lincoln et de Glastonbury en Angleterre, campagnes autour de Séville en Espagne) sont spécialisées dans la culture de la guède. Plus tard, vers le milieu du XIVe siècle, c'est le Languedoc qui devient, avec la Thuringe, la capitale du pastel européen. Celui-ci fait la fortune de villes comme Toulouse ou Erfurt, et les pays producteurs de guède et de pastel deviennent à la fin du Moyen Âge des « pays de cocagne », car cet « or bleu » fait l'objet d'un commerce intense. Il est notamment exporté vers l'Angleterre[100] et vers l'Italie du Nord, qui n'en produisent plus assez pour subvenir aux besoins de leur industrie drapière, désormais énorme consommatrice de teinture bleue, ainsi que vers Byzance et l'Islam. Mais cette opulence ne durera pas : à l'époque moderne, la culture de la guède et le commerce du pastel seront peu à peu ruinés par l'arrivée en Europe de l'indigo des Antilles et du Nouveau

Monde, dont le principe colorant, très voisin, est encore plus performant. Nous en reparlerons.

Restons pour l'instant au XIIIe siècle qui nous a laissé plusieurs témoignages de conflits violents entre marchands de garance (plante qui sert à teindre en rouge) et marchands de guède. En Thuringe, les premiers vont jusqu'à demander à des maîtres verriers de représenter les diables en bleu sur les vitraux des églises afin de discréditer la mode nouvelle[101]. Plus au nord, à Magdebourg, capitale du commerce de la garance pour toute l'Allemagne et les pays slaves, c'est l'enfer lui-même qui, en tant que lieu de mort et de douleur, est représenté en bleu sur les peintures murales pour discréditer la couleur nouvellement promue[102]. Peine perdue, la guède triomphe ; dans tout l'Occident, à partir du milieu du XIIIe siècle, les tons rouges commencent à reculer au profit des bleus dans l'étoffe et le vêtement, au grand dam des marchands de garance. Il n'y a que sur la soie et sur les draps de luxe – les célèbres draps « écarlates »[103] – que les rouges parviennent à contenir la mode nouvelle. Mais cette résistance des somptueux rouges vestimentaires ne durera guère au-delà du Moyen Âge[104].

La vogue nouvelle des bleus favorise la fortune des teinturiers spécialisés dans cette couleur ; peu à peu ils prennent la tête de leur profession à la place des puissants teinturiers de rouge. Cette évolution se fait à des rythmes différents selon les villes. Elle est précoce en Flandre, en Artois, en Languedoc, en Catalogne et en Toscane ; plus tardive à Venise, à Gênes, à Avignon, à Nuremberg ou à Paris. La réalisation du chef-d'œuvre, nécessaire pour obtenir la maîtrise, est un bon témoignage de ces mutations : à Rouen, à Toulouse, à Erfurt, le chef-d'œuvre final se fait en bleu dès le XIVe siècle, y compris pour les ouvriers ayant travaillé chez un teinturier de rouge ; alors qu'à Milan il faut attendre le XVe et à Nuremberg et à Paris, le XVIe siècle[105].

Teinturiers de rouge et teinturiers de bleu

Le métier de teinturier est en effet fortement cloisonné et sévèrement réglementé. Les textes sont nombreux à partir du XIIIe siècle qui en précisent l'organisation et le cursus, la localisation dans la ville, les droits et les obligations, la liste des colorants licites et des colorants interdits[106]. Ces textes, malheureusement, sont pour la plupart inédits, et les teinturiers, contrairement aux drapiers ou aux tisserands, attendent encore leurs historiens[107]. La vogue de l'histoire économique entre les années trente et les années soixante-dix de ce siècle a certes permis de mieux comprendre la place de la teinture dans la chaîne de production des draps et les relations de dépendance qui lient les teinturiers aux marchands drapiers[108] ; mais il manque encore un travail de synthèse qui serait spécialement consacré à leur profession.

Les teinturiers médiévaux ont pourtant laissé beaucoup de traces dans les documents. À cela plusieurs raisons, la principale tenant à la place importante que leur activité occupe dans la vie économique. L'industrie textile est la grande industrie de l'Occident médiéval, et toutes les villes drapières sont des villes où les teinturiers sont nombreux et puissamment organisés. Or les conflits y sont fréquents qui les opposent à d'autres corps de métiers, notamment aux drapiers, aux tisserands et aux tanneurs. Partout, l'extrême division du travail et les règlements professionnels rigides réservent aux teinturiers le monopole des pratiques de teinture. Mais les tisserands qui, sauf exception, n'ont pas le droit de teindre, le font quand même. D'où des litiges, des procès, et donc des archives, souvent riches d'informations pour l'historien des couleurs. On y apprend par exemple qu'au Moyen Âge on teint presque toujours le drap tissé, rarement le fil (sauf pour la soie) ou la laine en flocons[109].

Parfois, les tisserands obtiennent des autorités municipales ou seigneuriales le droit de teindre les draps de laine dans une couleur nouvellement mise à la mode, ou bien à partir d'une matière colorante jusque-là peu ou pas utilisée. Ce privilège de la nouveauté, qui permet de contourner les statuts et règlements existants, et qui nous montre le corps des tisserands moins conservateur (en ce domaine) que celui des teinturiers, provoque naturellement la colère de ces derniers. Ainsi à Paris, vers 1230, la reine Blanche de Castille autorisa-t-elle les tisserands à teindre en bleu dans deux de leurs officines en utilisant exclusivement la guède. Cette mesure, qui répondait à une demande nouvelle de la clientèle pour cette couleur, longtemps délaissée et désormais recherchée comme nous venons de le voir, provoqua un conflit aigu entre teinturiers, tisserands, autorité royale et autorités municipales pendant plusieurs décennies. Le *Livre des mestiers* du prévôt de Paris Étienne Boileau, compilé à la demande de Saint Louis afin de consigner par écrit les statuts des différents corps de métiers parisiens, s'en fait encore l'écho en 1268 :

> « *Quiconques est toisserans a Paris, il ne puet teindre a sa meson de toutes coleurs fors que de gaide. Mès de gaide ne puet il taindre fors que en II mesons. Quar la roine Blanche, que Diex absoille, otroia que li mestiers des toissarans peust avoir II hostex es quex l'en peust ovrer de mestiers de tainturerie et de toissanderie (...) Quant li toissarans tainturiers de gueide muert, li prevos de Paris par le conseil des mestres et des jurez des toissarans doivent metre I autre toissarant en son leu,*

qui ait le mesme pooir de taindre de gueide que li autres avoit. En leur mestier de toissanderie ne puet on taindre de gueide, fors que en II hostex[110]. »

Avec les tanneurs – autres artisans suspects, parce qu'ils travaillent à partir de cadavres d'animaux – les conflits ne portent pas sur le tissu mais sur l'eau de la rivière. Teinturiers et tanneurs en ont un besoin vital pour exercer leur métier, comme du reste de nombreux autres artisans. Mais il faut que ce soit une eau propre. Or quand les premiers l'ont souillée de leurs matières colorantes, les seconds ne peuvent plus s'en servir pour laisser macérer leurs peaux. Inversement, lorsque ces derniers rejettent à la rivière les eaux sales du tannage, les teinturiers ne peuvent plus passer derrière eux. D'où, ici encore, des conflits, des procès, et donc des documents d'archives. Parmi ces derniers abondent les mandements, règlements et décisions de police qui demandent aux teinturiers (et à d'autres corps de métier) de s'établir hors de la ville et de ses faubourgs, parce que :

« *ces mestiers attirent à leur suite tant d'infection ou se servent d'ingrédiens si nuisibles au corps humain qu'il y a beaucoup de mesure à prendre dans le choix des lieux où ils peuvent estre soufferts pour ne point altérer la santé*[111]. »

À Paris, comme dans toutes les grandes villes, ces interdictions d'exercer dans les zones trop densément peuplées sont sans cesse répétées du XVe au XVIIIe siècle. Voici à titre d'exemple le texte d'un règlement parisien de 1533 :

« *Défenses à tous pelletiers, megissiers et teinturiers d'exercer leurs mestiers dans leurs maisons de la ville et des fauxbourgs ; leur enjoint de porter ou de faire porter, pour les laver, leur laine dans la rivière de la Seine au dessous des Tuileries ; (...) leur defend aussi de vuider leurs megies, leurs teintures ou autres semblables infections dans la riviere ; leur permet seulement de se retirer pour leurs ouvrages, si bon leur semble, au dessous de Paris vers Chaillot éloigné des fauxbourgs de deux traicts d'arcs au moins, à peine de confiscations de leurs biens et marchandises et de banissement du royaume*[112]. »

À propos de cette même eau de la rivière, des querelles semblables, souvent violentes, opposent les teinturiers entre eux. Dans la plupart des villes d'industrie textile, en effet, les métiers de la teinturerie sont strictement compartimentés selon les matières textiles (laine et lin, soie, éventuellement coton dans quelques villes italiennes) et selon les couleurs ou groupes de couleurs. Les règlements interdisent de teindre une étoffe ou d'opérer dans une gamme de couleurs pour laquelle on n'a pas licence. Pour la laine, par exemple, à partir du XIIIe siècle, si l'on est teinturier de rouge on ne peut pas teindre en bleu et vice versa. En revanche, les teinturiers de bleu prennent souvent en charge les tons verts et les tons noirs, et les teinturiers de rouge, la gamme des jaunes. Si donc, dans une ville donnée, les teinturiers de rouge sont passés les premiers, les eaux de la rivière seront fortement rougies et les teinturiers de bleu ne pourront plus s'en servir avant un certain temps. D'où des conflits perpétuels et des rancunes qui traversent les siècles. Parfois, comme à Rouen au début du XVIe siècle, les autorités municipales tentent d'établir un calendrier d'accès à la rivière que l'on inverse ou modifie chaque semaine, afin que tour à tour chacun puisse bénéficier des eaux propres[113].

Dans certaines villes d'Allemagne et d'Italie, la spécialisation est poussée plus loin encore : pour une même couleur, on distingue les teinturiers d'après l'unique matière colorante qu'ils ont le droit d'utiliser. À Nuremberg et à Milan, par exemple, aux XIVe et XVe siècles, on sépare parmi les teinturiers de rouge ceux qui emploient la garance, matière colorante produite abondamment en Europe occidentale et d'un prix raisonnable, de ceux qui utilisent la cochenille ou le kermès, produits importés à prix d'or d'Europe orientale ou du Proche-Orient. Les uns et les autres ne sont pas soumis aux mêmes taxes ni aux mêmes contrôles, n'ont pas recours aux mêmes techniques ni aux mêmes mordants, ne visent pas la même clientèle[114]. Dans plusieurs villes d'Allemagne (Magdebourg, Erfurt[115], Constance et surtout Nuremberg), on distingue, pour les tons rouges et pour les tons bleus, les teinturiers ordinaires qui produisent des teintures de qualité courante (*Färber* ou *Schwarzfärber* lorsque les tons sont ternes ou grisés) des teinturiers de luxe *(Schönfärber)*. Ces derniers emploient des matières nobles et savent faire pénétrer profondément les couleurs dans les fibres de l'étoffe. Ce sont des « teinturiers dont les couleurs sont belles, franches et solides »[116].

Le tabou des mélanges et le mordançage

Cette étroite spécialisation des activités de teinture n'étonne guère l'historien des couleurs. Elle doit être rapprochée de cette aversion pour les mélanges, héritée de la culture biblique, qui imprègne toute la sensibilité médiévale[117]. Ses répercussions sont nombreuses, aussi bien dans le domaine idéologique et symbolique que dans la vie quotidienne et la civilisation matérielle[118]. Mêler, brouiller, fusionner, amalgamer sont souvent des opérations jugées infernales parce qu'elles enfreignent l'ordre et la nature des choses voulus par le Créateur.

Tous ceux qui sont conduits à les pratiquer de par leurs tâches professionnelles (teinturiers, forgerons, alchimistes, apothicaires) éveillent la crainte ou la suspicion, parce qu'ils semblent tricher avec la matière. Eux-mêmes, du reste, hésitent à se livrer à certaines opérations : ainsi, dans les ateliers de teinture, le mélange de deux couleurs pour en obtenir une troisième ; on juxtapose, on superpose, mais on ne mélange pas. Avant le XVe siècle, aucun recueil de recettes pour fabriquer des couleurs, que ce soit dans le domaine de la teinture ou dans celui de la peinture, ne nous explique que pour fabriquer du vert il faille mélanger du bleu et du jaune. Les tons verts s'obtiennent autrement, soit à partir de pigments et de colorants naturellement verts (terres vertes, malachite, vert-de-gris, baie de nerprun, feuilles d'ortie, jus de poireau), soit en faisant subir à des colorants bleus ou noirs un certain nombre de traitements qui ne sont pas de l'ordre du mélange. Au reste, pour les hommes du Moyen Âge qui ignorent tout du spectre et de la classification spectrale des couleurs, le bleu et le jaune sont deux couleurs qui n'ont pas le même statut et qui, lorsqu'on les place sur un même axe, sont très éloignées l'une de l'autre ; elles ne peuvent donc pas avoir un « palier » intermédiaire qui serait la couleur verte[119].

Sur l'échelle des couleurs, en effet, telle que la définissent Aristote et ses continuateurs[120] et telle qu'elle aide à construire la plupart des nuanciers et des systèmes chromatiques européens jusqu'au XVIIe siècle, le jaune se situe du côté du rouge et du blanc, le vert du côté du bleu et du noir ; entre les deux, il existe une forte coupure. Et chez les teinturiers, jusqu'au XVIe siècle au moins, les cuves de bleu et les cuves de jaune ne se trouvent pas dans les mêmes officines : il est donc non seulement interdit mais aussi matériellement difficile de mélanger ces deux couleurs pour obtenir une teinture verte. Ces mêmes difficultés ou interdictions se rencontrent à propos des tons violets : ils sont rarement obtenus à partir du mélange de bleu et de rouge, c'est-à-dire de guède et de garance, mais seulement à partir de cette dernière à laquelle on fait s'unir un mordançage spécifique[121]. C'est pourquoi les violets médiévaux, comme du reste les violets antiques, tirent beaucoup plus vers le rouge ou le noir que vers le bleu.

Il faut rappeler ici combien les pratiques de teinture sont fortement soumises aux contraintes du mordançage, c'est-à-dire à l'utilisation d'une substance intermédiaire (tartre, alun, vinaigre, urine, chaux, etc.) qui aide la matière colorante à pénétrer dans les fibres du tissu et à s'y fixer. Certains colorants exigent de mordancer fortement pour obtenir de belles couleurs : c'est le cas de la garance (tons rouges) et de la gaude (tons jaunes). D'autres, en revanche, ne demandent qu'un mordançage léger ou même peuvent se dispenser de mordant : c'est le cas de la guède et, plus tard, de l'indigo (tons bleus, mais aussi verts, gris, noirs). D'où cette séparation récurrente dans tous les documents entre teinturiers « de rouge », qui mordancent, et teinturiers « de bleu », qui ne mordancent pas ou guère. En France, dès la fin du Moyen Âge, pour faire cette même distinction on dit aussi teinturiers « de bouillon » (qui, dans un premier bain, doivent faire bouillir tout ensemble le mordant, la teinture et l'étoffe) et teinturiers « de cuve » ou « de guède » (qui se dispensent de cette opération et peuvent même dans certains cas teindre à froid). Partout il est constamment rappelé que l'on ne peut être à la fois l'un et l'autre. Ainsi à Valenciennes au début du XIVe siècle :

« *Encore est li bans fais et dis par jugement que nus tainturiers de waisde ne puet taindre de bouillon, ne nus de bouillon ne puet taindre de waisde*[122]. »

Un autre fait de sensibilité sur lequel les métiers de la teinturerie attirent l'attention du chercheur concerne la densité et la saturation des couleurs. L'étude des procédés techniques, du coût des matières colorantes et du prestige hiérarchique des différents draps montre en effet que les systèmes de valeurs se construisent au moins autant sur la densité et la luminosité des couleurs que sur leur coloration proprement dite. Une belle couleur, une couleur chère et valorisante, c'est une couleur dense, vive, lumineuse, qui pénètre profondément dans le tissu et qui résiste aux effets décolorants du soleil, de la lessive et du temps.

Ces systèmes de valeurs, qui donnent priorité à la densité sur la nuance ou la tonalité, se retrouvent dans bien d'autres domaines où la couleur est concernée : les faits de lexique (par le jeu des préfixes et des suffixes, notamment), les préoccupations morales, les enjeux artistiques, les lois contre le luxe[123]. D'où une constatation qui heurte notre perception et notre conception modernes de la couleur : pour le teinturier du Moyen Âge et pour sa clientèle – comme du reste pour le peintre et pour son public – une couleur dense ou saturée est souvent perçue (et pensée) comme plus proche d'une autre couleur dense ou saturée que de la même première couleur lorsqu'elle est délavée ou faiblement concentrée. Ainsi sur un drap de laine, un bleu dense et lumineux est-il toujours perçu comme plus proche d'un rouge lui aussi dense et lumineux que d'un bleu pâle, terne, « pisseux ». Dans la sensibilité médiévale aux couleurs – et dans les systèmes économiques et sociaux qui la sous-tendent – priorité est toujours donnée à l'axe de densité ou de saturation sur celui de tonalité ou de coloration.

Cette quête de la couleur dense, de la couleur concentrée, de la couleur qui tient est exigée par tous les recueils de recettes destinés aux teinturiers. L'opération essentielle, ici encore, est le mordançage. Chaque atelier possède en outre ses habitudes et ses secrets. Le savoir-faire s'y transmet par la bouche et par l'oreille plus que par la plume et le parchemin.

Les recueils de recettes

Les recueils de recettes écrites destinées aux opérations de teinture nous ont été conservés en grand nombre pour la fin du Moyen Âge et le XVIe siècle. Ce sont des documents difficiles à étudier[124]. Non seulement parce qu'ils se recopient tous, chaque nouvelle copie donnant un nouvel état du texte, ajoutant ou retranchant des recettes, en modifiant d'autres, transformant le nom d'un même produit, ou bien désignant par le même terme des produits différents. Mais aussi et surtout parce que les conseils pratiques et opératoires voisinent constamment avec les considérations allégoriques ou symboliques. Dans la même phrase voisinent des gloses sur la symbolique et les « propriétés » des quatre éléments (eau, terre, feu, air) et d'authentiques conseils pratiques sur la façon de remplir une marmite ou de nettoyer une cuve. En outre, les mentions de quantité et de proportion sont toujours très imprécises : « prends une *bonne portion* de garance et plonge-la dans une *certaine quantité* d'eau ; ajoute *un peu* de vinaigre et *beaucoup* de tartre… » De plus, les temps de cuisson, de décoction ou de macération sont rarement indiqués ou bien totalement déroutants. Ainsi un texte de la fin du XIIIe siècle explique-t-il que pour fabriquer de la peinture verte, il faut laisser macérer de la limaille de cuivre dans du vinaigre soit pendant trois jours, soit pendant neuf mois[125]. Comme souvent au Moyen Âge, le rituel semble plus important que le résultat, et les nombres sont plus des qualités que des quantités. Pour la culture médiévale, trois jours ou neuf mois représentent à peu près la même idée, celle d'une attente et d'une naissance (ou renaissance), à l'image de la mort puis de la résurrection du Christ dans le premier cas, de la venue au monde d'un enfant dans le second.

D'une manière générale, tous les réceptaires, qu'ils s'adressent aux teinturiers, aux peintres, aux médecins, aux apothicaires, aux cuisiniers ou aux alchimistes, se présentent autant comme des textes allégoriques que comme des ouvrages pratiques. Ils possèdent des structures de phrase et un lexique communs, principalement les verbes : prendre, choisir, cueillir, piler, broyer, plonger, faire bouillir, laisser macérer, délayer, remuer, ajouter, filtrer. Tous soulignent l'importance du lent travail du temps (vouloir accélérer les opérations est toujours inefficace et malhonnête) et du choix méticuleux des récipients : en terre, en fer, en étain, ouverts ou fermés, larges ou étroits, grands ou petits, de telle forme ou de telle autre, chacun désigné par un mot spécifique. Ce qui se passe à l'intérieur de ces récipients est de l'ordre de la métamorphose, opération dangereuse, sinon diabolique, qui nécessite beaucoup de précautions dans la sélection et l'utilisation du contenant. Enfin, les réceptaires sont très attentifs au problème des mélanges et à l'emploi des différentes matières : le minéral n'est pas le végétal et le végétal n'est pas l'animal. On ne fait pas n'importe quoi avec n'importe quoi : le végétal est pur, l'animal ne l'est pas ; le minéral est mort, le végétal et l'animal sont vivants. Souvent, pour teindre ou pour peindre, l'essentiel des opérations consiste à faire agir une matière réputée vivante sur une matière réputée morte.

En raison de ces caractéristiques communes, les réceptaires mériteraient d'être étudiés ensemble, comme un genre littéraire en soi. Car malgré leurs lacunes et leurs insuffisances, malgré la difficulté de les dater, d'en retrouver les auteurs, d'en établir la généalogie, ce sont des textes riches d'informations de toutes sortes. Beaucoup attendent d'être édités; tous ne sont même pas repérés, encore moins catalogués[126]. Mieux les connaître apporterait non seulement des informations nouvelles à notre connaissance de la teinture, de la peinture, de la cuisine et de la médecine médiévales, mais permettrait aussi de mieux cerner l'histoire du savoir « pratique » – ce mot doit évidemment être ici manié avec prudence – en Occident entre l'Antiquité grecque et le XVIIIe siècle[127].

Pour ce qui est des seules teintures, il est frappant de constater que, jusqu'à la fin du XIVe siècle, les recueils consacrent les trois quarts de leurs recettes à la couleur rouge, alors qu'après cette date les recettes concernant le bleu deviennent sans cesse plus nombreuses. Au point qu'au début du XVIIIe siècle, dans les manuels de teinturerie, les secondes finissent même par devancer les premières[128]. Une évolution identique se retrouve dans les réceptaires et les traités destinés aux peintres : les recettes de rouges dominent largement jusqu'à la Renaissance, puis les bleus font concurrence aux rouges et finissent par les devancer. Cette rivalité du rouge et du bleu n'a rien d'anecdotique, mais constitue au contraire un aspect important de l'histoire de la sensibilité aux couleurs dans les sociétés occidentales à partir des XIIe-XIIIe siècles. Il en sera question plus loin.

Pour l'heure, en attendant des corpus, des éditions et

des travaux plus nombreux, ces réceptaires posent tous les mêmes questions à l'historien des teintures et des colorants : quels usages les teinturiers médiévaux pouvaient-ils faire de ces textes, plus spéculatifs que pratiques, plus allégoriques que véritablement opératoires ? Leurs auteurs sont-ils réellement des praticiens ? À qui destinent-ils leurs recettes ? Certaines sont longues, d'autres très courtes : faut-il en conclure qu'elles visent des publics différents, que certaines sont vraiment lues dans l'officine et que d'autres ont une existence indépendante de tout travail artisanal ? Quel est du reste le rôle des scribes dans leur mise en forme ? Dans l'état actuel de nos connaissances, il est difficile de répondre. Mais ces questions se posent à peu près de la même façon à propos de la peinture, domaine où nous avons la chance d'avoir conservé, pour quelques artistes, à la fois des écrits comportant des recettes et des œuvres peintes[129]. Or nous constatons souvent qu'il n'existe que peu de rapports entre les premiers et les secondes, du moins avant le XVIIe siècle. Le cas le plus célèbre est celui de Léonard de Vinci, auteur d'un traité de peinture (inachevé), à la fois compilatoire et philosophique, et de tableaux qui ne sont en rien la mise en œuvre de ce que dit ou prescrit ce traité[130].

Un nouvel ordre des couleurs

Couleur iconographique de la Vierge, couleur emblématique du roi de France et du roi Arthur, couleur symbolique de la dignité royale, couleur à la mode et désormais de plus en plus fréquemment associée par les textes littéraires à l'idée de joie, d'amour, de loyauté, de paix et de réconfort, le bleu devient à la fin du Moyen Âge, pour certains auteurs, la plus belle et la plus noble des couleurs. Dans ce rôle nouveau, il prend progressivement la place du rouge. C'est déjà l'opinion, à la fin du XIIIe siècle, de l'auteur anonyme de *Sone de Nansay*, roman éducatif composé en Lorraine ou en Brabant pour enseigner les vertus de la chevalerie :

> *Et li ynde porte confort*
> *Car c'est emperïaus coulor*[131]
> *(Et le bleu conforte le cœur*
> *car des couleurs il est l'empereur)*

Et c'est aussi celle, quelques décennies plus tard, du grand poète et musicien Guillaume de Machaut (1300-1377) :

> *Qui de couleurs saroit a droit jugier*
> *Et dire la droite signefiance,*
> *On deveroit le fin asur prisier*
> *Dessus toutes*[132]

Pour l'historien, la question essentielle est de savoir quel est le moteur de cette soudaine promotion du bleu et la cause profonde des différentes mutations qui affectent l'ordre des couleurs dans son ensemble. Est-ce un progrès technique ou une découverte de la chimie des colorants qui a permis aux teinturiers occidentaux de réussir en quelques décennies ce qu'ils avaient été incapables de faire pendant de longs siècles : teindre un drap dans une belle couleur bleue, dense, profonde, solide, lumineuse ? Et est-ce cette diffusion de nouveaux tons bleus dans le textile et le costume qui a peu à peu amené la diffusion du bleu sur d'autres supports et avec d'autres techniques ? Ou bien, au contraire, est-ce parce que la société a demandé à ces mêmes teinturiers – comme elle l'avait déjà demandé à d'autres artisans – de faire ces progrès pour accompagner la nouvelle valorisation du bleu, qu'ils ont effectivement accompli ces progrès[133] ? Autrement dit : est-ce que l'offre précède la demande, est-ce que le chimique et le technique précèdent l'idéologique et le symbolique ? ou bien, comme je le penserais plus volontiers, est-ce le contraire ?

À ces questions complexes il est impossible de répondre de manière univoque, car sur bien des points, la chimie et la symbolique ne sont guère dissociables[134]. Mais il est certain que, loin d'être anecdotique, la promotion du bleu entre le XIIe et le XIVe siècle est l'expression de changements importants dans l'ordre social, dans les systèmes de pensée et dans les modes de sensibilité. Le sort fait au bleu n'est en effet nullement isolé. Il n'est que la partie la plus visible d'un profond bouleversement qui concerne l'ensemble des couleurs et des relations qu'elles entretiennent les unes avec les autres. À un ordre ancien, qui remontait à des époques très lointaines, peut-être à la protohistoire, se substitue un nouvel ordre des couleurs.

Celui-ci s'exprime d'abord par l'éclatement du vieux système ternaire blanc-rouge-noir dont il a été question au début de ce livre ; système qui avait traversé toute l'Antiquité orientale, biblique et gréco-romaine, puis tout le haut Moyen Âge. Ce système chromatique à trois pôles, que l'on rencontre également dans plusieurs civilisations d'Afrique et d'Asie, comme l'ont observé depuis longtemps les linguistes et les ethnologues[135], était en fait constitué par le blanc et par ses deux contraires. D'où la possibilité de réduire toutes les couleurs aux trois principales en assimilant d'un côté le jaune au blanc, de l'autre le vert, le bleu et le violet au noir[136]. D'où également, dans la distinction des classes sociales chez plusieurs peuples de l'Antiquité, un regroupement trifonctionnel des couleurs :

albati, russati, virides (les blancs, les rouges, les sombres) comme le proclame, à propos de la Rome primitive, le titre d'un chapitre célèbre d'un ouvrage de Georges Dumézil[137].

Ce très ancien système chromatique à trois pôles a laissé une forte empreinte dans la littérature médiévale (chansons de geste surtout[138], mais aussi romans de chevalerie), dans la toponymie et l'anthroponymie, dans les contes, les fables et le folklore. L'histoire du *Petit Chaperon rouge*, par exemple, dont la plus ancienne version semble dater des environs de l'an mil[139], s'articule autour de ces trois couleurs : une petite fille vêtue de rouge porte un pot de beurre blanc à une grand-mère (ou à un loup) habillée de noir. La même circulation chromatique se retrouve dans *Blanche-Neige*, mais avec une distribution des couleurs différente : une sorcière en vêtements noirs apporte une pomme rouge (donc empoisonnée) à une jeune fille au teint blanc comme la neige. Autre distribution encore dans la fable du corbeau et du renard, peut-être la plus ancienne de toutes : un oiseau noir laisse tomber un fromage blanc, dont s'empare un goupil au pelage roux. Les exemples de ce fonctionnement archétypal de la triade blanc-rouge-noir et de ses prolongements symboliques dans de nombreux domaines pourraient être multipliés[140].

Or, dans les pratiques occidentales de la couleur, c'est ce vieux système à trois pôles qui semble éclater entre la fin du XIe siècle et le milieu du XIIIe. À un nouvel ordre social doit correspondre un nouvel ordre des couleurs. Deux axes chromatiques et trois couleurs de base ne suffisent plus. Désormais la société occidentale a besoin de six couleurs de base (blanc, rouge, noir, bleu, vert, jaune) et de combinatoires plus riches pour réorganiser ses emblèmes, ses codes de représentation et ses systèmes symboliques – trois terrains où la fonction première de la couleur est de classer, d'associer, d'opposer, de hiérarchiser. Parmi ces combinatoires nouvelles, l'axe rouge-bleu prend rapidement une importance considérable car il permet au rouge d'avoir désormais, comme le blanc, un deuxième contraire : le bleu. Aux couples d'opposition blanc/noir et blanc/rouge, venus du fond des âges, s'ajoute à présent un autre couple de premier plan : rouge/bleu. Au XIIIe siècle, ces deux couleurs deviennent des contraires (ce qu'elles n'étaient jamais auparavant) et le resteront jusqu'à aujourd'hui.

3. Une couleur morale

XVe-XVIIe siècle

À partir du milieu du XIVe siècle, le bleu entre en Occident dans une nouvelle phase de son histoire. Couleur promue, couleur mariale, couleur royale, il est désormais non seulement rival du rouge mais aussi du noir, dont la vogue dans le vêtement, à la fin du Moyen Âge et au début de l'époque moderne, devient considérable. Toutefois, loin de lui nuire, cette nouvelle concurrence profite pleinement au bleu. De royal et marial il devient aussi, comme le noir, moral. Deux faits concernant l'éthique et la sensibilité sont à l'origine de cette nouvelle dimension donnée à la couleur bleue dans les sociétés européennes : le vaste courant moralisateur qui traverse tout le Moyen Âge finissant et, surtout, l'attitude des grands réformateurs protestants du XVIe siècle à l'égard des pratiques sociales, artistiques et religieuses de la couleur.

C'est pourquoi l'histoire du bleu entre le XIVe et le XVIIe siècle ne peut s'étudier isolément. Elle est plus que jamais liée à celle des autres couleurs et, plus étroitement encore, à celle du noir.

Lois somptuaires et règlements vestimentaires

Aux origines de ces différentes mutations se trouve en effet la promotion du noir, à partir du milieu du

XIVe siècle. Indirectement et progressivement, cette promotion profite au bleu au détriment du rouge. Tout commence autour des années 1360-1380. Comme ils l'avaient fait pour le bleu deux siècles plus tôt, les teinturiers, partout en Europe, parviennent en une ou deux décennies à faire ce dont ils avaient été incapables pendant de longs siècles : teindre les draps de laine dans de très beaux tons de noirs, des noirs denses, solides, brillants que leurs prédécesseurs ne savaient pas obtenir. Or ce qui paraît être le premier moteur de ces mutations techniques et de ces réussites professionnelles ne semble pas être une découverte de la chimie des teintures, ni l'arrivée en Europe d'un colorant jusqu'alors inconnu, mais bien une demande nouvelle de la société. Parce que celle-ci a désormais besoin de tissus et de vêtements noirs de grande qualité, parce qu'elle demande aux teinturiers de teindre d'immenses pièces de drap dans cette couleur nouvellement valorisée, ceux-ci réussissent à le faire, et le font rapidement. Ici encore, les enjeux idéologiques et la demande sociale semblent mettre en œuvre et catalyser les progrès chimiques et techniques, et non l'inverse.

Cette valorisation du noir dans le vêtement occidental à la fin du Moyen Âge et au début de l'époque moderne est un fait de société et de sensibilité d'une ampleur considérable. Nous en vivons encore aujourd'hui les derniers prolongements par le truchement de nos costumes sombres, de nos smokings, de nos habits de soirée, de nos vêtements de deuil, de nos fameuses « petites robes noires », peut-être même par celui de nos jeans, blazers, uniformes et tenues bleu marine, cette dernière couleur – aujourd'hui la plus portée dans le vêtement européen, comme nous le verrons à la fin de ce livre – ayant pris en charge au XXe siècle une bonne partie des valeurs exercées par le noir pendant les siècles précédents.

La promotion vestimentaire du noir à partir du milieu du XIVe siècle a des conséquences de très longue durée sur l'histoire de la couleur bleue.

Cependant, si de nombreux documents témoignent de cette promotion, nous n'en connaissons pas encore toutes les modalités et nous ne faisons qu'en deviner les causes. Celles-ci paraissent d'abord morales et économiques. Elles sont liées à la prolifération des lois somptuaires et des décrets vestimentaires qui, au lendemain de la grande peste des années 1346-1350 – dans certains cas, avant même la peste – se multiplient dans toute la Chrétienté. Malgré quelques monographies concernant telle ou telle ville[141], ces lois somptuaires – d'abord royales et nobiliaires, puis urbaines et patriciennes – attendent encore, elles aussi, leurs historiens[142]. Sous des formes diverses elles perdureront jusqu'en plein XVIIIe siècle (ainsi à Venise ou à Genève) et laisseront des traces profondes dans le système vestimentaire de l'époque moderne et contemporaine.

Leur raison d'être est triple. Tout d'abord économique : limiter dans toutes les classes et catégories sociales les dépenses concernant le vêtement et ses accessoires car ce sont des investissements improductifs. À l'horizon des années 1350 ou 1400, ce type de dépenses atteint dans les milieux nobles et patriciens une démesure confinant parfois à la folie[143]. Il s'agit donc de mettre un frein à ces dépenses ruineuses, à l'endettement permanent, au luxe ostentatoire. Il s'agit également de prévenir la hausse des prix, de réorienter l'économie, de stimuler la production locale, de freiner l'importation de produits de luxe venus de loin, parfois des profondeurs de l'Orient. Ensuite une raison éthique : maintenir une tradition chrétienne de modestie et de vertu. En ce sens, ces lois, décrets et règlements se rattachent au grand courant moralisateur qui traverse tout le Moyen Âge finissant et dont la Réforme protestante se fera l'héritière. Ces lois sont toutes hostiles aux changements et aux innovations, qui perturbent l'ordre établi et transgressent les bonnes mœurs. C'est pourquoi, elles sont souvent dirigées contre les jeunes et contre les femmes, deux catégories sociales qui recherchent par trop le plaisir de la nouveauté. Enfin, et surtout, une raison idéologique : instaurer une ségrégation par le vêtement, chacun devant porter celui de son sexe, de son état, de sa dignité ou de son rang. Il faut maintenir de solides barrières, éviter les glissements d'une classe à l'autre, et faire en sorte que le vêtement reste le signe premier des classifications sociales. Rompre ces barrières, c'est rompre un ordre voulu par Dieu, ce qui est à la fois sacrilège et dangereux.

Tout est donc réglementé selon la naissance, la fortune, les classes d'âge, les activités, les catégories socioprofessionnelles : la nature et la taille de la garde-robe que l'on peut posséder, les pièces de vêtement qui la composent, les étoffes dans lesquelles celles-ci sont taillées, les couleurs dont elles sont teintes, les fourrures, les parures, les bijoux et tous les accessoires qui les accompagnent. Certes, ces lois somptuaires concernent aussi d'autres domaines de la fortune ou de la vie matérielle : vaisselle, argenterie, nourriture, mobilier, immeubles, équipages, domesticité, animaux ; mais le vêtement en est le principal enjeu car il est le premier support de signes dans une société alors en pleine transformation et où le paraître joue un rôle de plus en plus grand. De telles lois constituent ainsi une source de premier ordre pour étudier les enjeux idéologiques du système vestimentaire au Moyen Âge finissant. D'autant qu'elles demeurent souvent théoriques : leur inefficacité entraîne leur répétition et vaut donc au chercheur des textes de plus en plus longs et précis – et d'une précision chiffrée qui dans certains cas devient proprement délirante[144]. Ces textes sont malheureusement restés pour une bonne part inédits.

Couleurs prescrites et couleurs interdites

Attardons-nous sur ce qui concerne la couleur dans ces lois, décrets et règlements vestimentaires des XIVe et XVe siècles. Il faut noter en premier lieu que certaines couleurs sont interdites à telle ou telle catégorie sociale non pas en raison de leur coloration voyante ou immodeste, mais parce qu'elles sont obtenues au moyen de teintures de trop grand prix, dont l'usage est réservé aux vêtements des personnes de haute naissance, fortune ou condition. Ainsi, en Italie, les célèbres « écarlates de Venise », draps de couleur rouge teints à partir d'une variété de kermès particulièrement onéreuse, destinée aux princes et aux grands dignitaires. On rencontre des interdictions semblables en Allemagne concernant les étoffes rouges teintes avec la cochenille polonaise, et même certains draps bleus particulièrement riches (*panni pavonacei*, draps « paonacés ») teints avec un pastel de grande qualité produit en Thuringe. La morale sociale ne vise pas ici la coloration mais la nature du produit utilisé pour l'obtenir. Cependant, pour l'historien, la difficulté est de bien distinguer ce qui dans ces lois concerne les matières colorantes et ce qui concerne les couleurs obtenues grâce à ces matières : c'est souvent le même vocabulaire qui désigne les unes et les autres, et il est malaisé de faire la part des choses. Le même mot peut qualifier non seulement la couleur et son colorant, mais aussi le drap teint dans cette couleur avec ce colorant. La confusion est parfois extrême. Au XVe siècle, par exemple, dans la plupart des textes en langue vernaculaire (français, allemand, néerlandais), le mot « écarlate » désigne tantôt tous les draps de luxe, quelle qu'en soit la couleur ; tantôt tous les beaux draps de couleur rouge, quelle que soit la teinture employée ; tantôt les seuls draps rouges teints au kermès ; tantôt la matière tinctoriale elle-même, cette fameuse et onéreuse « graine d'écarlate » ; tantôt, plus simplement, une belle nuance de rouge. À l'époque moderne, c'est ce dernier sens qui s'imposera dans la langue ordinaire[145].

Partout en Europe, les couleurs trop riches ou trop voyantes sont interdites à tous ceux qui doivent afficher une apparence digne et réservée : les clercs, bien sûr, mais aussi les veuves, les magistrats et tous les gens de robe longue. D'une manière générale, la polychromie, les contrastes trop forts, les vêtements rayés, échiquetés (à décor en damier) ou bariolés sont prohibés[146]. Ils sont jugés indignes d'un bon chrétien.

Cependant, ce n'est pas tant sur les couleurs interdites que les lois somptuaires et les règlements vestimentaires sont prolixes, mais bien sur les couleurs prescrites. Ici ce n'est plus la qualité du colorant qui est en cause, mais bien la couleur elle-même, fonctionnant presque de manière abstraite, indépendamment de sa nuance, de sa matière ou de son éclat. Elle ne doit pas se faire discrète mais au contraire se faire remarquer ; elle est un signe distinctif, un emblème obligé, une marque infamante, désignant telle ou telle catégorie d'exclus ou de réprouvés. Car ce sont ceux-là qui, en milieu urbain, sont les premiers visés. Pour le maintien de l'ordre établi, des bonnes mœurs et des traditions ancestrales, il est indispensable de ne pas confondre les honnêtes citoyens avec les hommes et les femmes qui se situent sur les marges de la société, voire en dehors de celle-ci.

La liste est donc longue, très longue de tous ceux qui peuvent être concernés par ces prescriptions chromatiques. Tout d'abord les hommes et les femmes qui exercent une activité dangereuse, déshonnête ou simplement suspecte : médecins et chirurgiens, bourreaux, prostituées, usuriers, jongleurs, musiciens, mendiants, vagabonds et miséreux de tous ordres. Ensuite ceux qui ont été condamnés, à un titre ou à un autre, depuis les simples ivrognes ayant causé du désordre sur la voie publique jusqu'aux faux témoins, aux parjures, aux voleurs et aux blasphémateurs. Puis différentes catégories d'infirmes, l'infirmité – physique ou mentale – étant toujours dans les systèmes de valeurs médiévaux le signe d'un grand péché : boiteux, estropiés, cagots, lépreux, « pauvres de corps », « crestins et simples de tête ». Enfin, les non chrétiens, juifs et musulmans, dont les communautés sont nombreuses dans plusieurs villes et régions, surtout dans l'Europe méridionale[147]. C'est du reste essentiellement pour eux qu'au XIIIe siècle, lors du quatrième concile de Latran, l'usage de ces insignes chromatiques semble avoir pour la première fois été prescrit. Il est lié à l'interdiction des mariages entre chrétiens et non chrétiens et à la volonté de bien identifier ces derniers[148].

Cependant, quoi qu'on ait pu écrire à ce sujet, il est patent qu'il n'existe aucun système de marques de couleurs commun à toute la Chrétienté pour désigner les différentes catégories d'exclus. Au contraire, les usages varient grandement d'une région à l'autre, d'une ville à l'autre, et à l'intérieur d'une même ville, d'une époque à l'autre. À Milan et à Nuremberg, par exemple, villes où au XVe siècle les textes réglementaires deviennent nombreux et pointilleux, les couleurs prescrites – aux prostituées, aux lépreux, aux juifs – changent d'une génération à l'autre, presque d'une décennie à l'autre. Toutefois, on observe, ici comme ailleurs, un certain nombre de récurrences dont il vaut la peine de dégager les grandes lignes.

Cinq couleurs seulement prennent place sur ces marques discriminatoires : le blanc, le noir, le rouge, le vert et le jaune. Le bleu, quant à lui, n'est pour ainsi dire jamais sollicité. Est-ce parce qu'à la fin du Moyen Âge il représente une couleur trop valorisée ou trop valorisante pour intervenir dans un tel système de signes ? Ou bien est-il désormais trop répandu dans le vêtement pour constituer un écart, une marque distinctive visible de loin ? Ou encore, comme je le crois plus volontiers, est-ce parce que les prémices de ces marques chromatiques – qui restent à étudier – se mettent en place avant la promotion sociale de la couleur bleue, avant même le quatrième concile de Latran (1215), lorsque le bleu est encore symboliquement trop pauvre pour avoir une réelle signification vestimentaire ou signalétique ? Cette absence du bleu dans le code des marques discriminatoires – comme du reste dans le code des couleurs liturgiques – est en tout cas un document éloquent sur le peu d'intérêt porté à cette couleur par les codes sociaux et les systèmes de valeurs antérieurs au XIIIe siècle. Mais c'est aussi un facteur qui favorise sa promotion « morale ». Puisqu'il n'est ni prescrit ni interdit, son usage est libre, neutre, sans danger. C'est pourquoi sans doute, au fil des décennies, sur le vêtement masculin comme sur le vêtement féminin, sa présence se fait progressivement envahissante.

Même si le bleu n'est pas concerné, attardons-nous sur les couleurs de ces marques discriminatoires ou infamantes. Celles-ci sont de formes et de natures diverses : croix, rouelles, bandes, écharpes, rubans, bonnets, gants, chaperons. Et sur ces marques, les cinq couleurs mentionnées plus haut peuvent intervenir de différentes manières : soit seules, la marque étant alors monochrome, soit en association, la bichromie constituant le cas le plus fréquent. Toutes les combinaisons se rencontrent, mais celles qui reviennent le plus souvent sont le rouge et blanc, le rouge et jaune, le blanc et noir et le jaune et vert. Les deux couleurs sont associées comme dans les figures géométriques du blason : parti, coupé, écartelé, fascé, palé. Dans le cas d'une combinaison trichrome, il s'agit toujours de l'association du rouge, du vert et du jaune : ces trois couleurs sont les plus criardes pour la sensibilité médiévale et leur juxtaposition exprime l'idée – presque toujours péjorative – de polychromie.

Si l'on tente une étude par catégories d'exclus et de réprouvés, on peut remarquer (en simplifiant beaucoup) que le blanc et le noir, soit seuls soit en association, concernent surtout les misérables[149] et les infirmes (notamment les lépreux) ; le rouge, les bourreaux et les prostituées ; le jaune, les faussaires, les hérétiques et les juifs ; le vert, soit seul soit associé au jaune, les musiciens, les jongleurs, les bouffons et les fous. Mais il existe de nombreux contre-exemples. Ainsi pour les prostituées (pour lesquelles le port d'une marque discriminatoire a une fonction tout autant fiscale que morale) : elles sont fréquemment emblématisées par la couleur rouge (robe, aiguillette, écharpe, chaperon, manteau selon les villes et les décennies). Mais à Londres et à Bristol, à la fin du XIVe siècle, c'est l'usage de vêtements rayés de plusieurs couleurs qui leur permet d'être distinguées des honnêtes femmes ; même pratique dans les villes du Languedoc quelques années plus tard. À Venise, en revanche, en 1407 c'est le port d'une écharpe jaune qui joue le même rôle ; à Milan, en 1412, il s'agit d'un manteau blanc ; à Cologne, en 1423, d'une aiguillette double rouge et blanc ; à Bologne, en 1456, d'une écharpe verte ; à Milan encore, en 1498, d'un manteau noir ; à Séville, en 1502, de manches vert et jaune[150]. Il est impossible de généraliser. Parfois la couleur n'est pas précisée et c'est seulement telle ou telle pièce de vêtement qui signale une prostituée. Ainsi à Castres, en 1375, il s'agit d'un chapeau d'homme.

Les signes et marques imposés aux Juifs sont encore plus variés et demeurent mal étudiés. Ici non plus, contrairement à ce qu'ont cru certains auteurs[151], il n'y a pas de système commun à l'ensemble de la Chrétienté, ni même d'habitudes récurrentes dans un pays ou dans une région. Certes, la couleur jaune – couleur traditionnellement associée à la Synagogue dans l'iconographie – finit par s'imposer au fil des siècles[152] ; mais pendant longtemps on a prescrit aussi le port de marques unies rouges, blanches, vertes, noires ; ou bien mi-parties, coupées ou écartelées jaune et vert, jaune et rouge, rouge et blanc, blanc et noir. Les formules chromatiques sont nombreuses, de même que la forme de la marque : ce peut être une rouelle – cas le plus fréquent – un annelet, une étoile, une figure ayant la forme des tables de la Loi, mais aussi une simple écharpe, un bonnet et même une croix. Quand il s'agit d'un insigne cousu sur le vêtement, il se porte tantôt sur l'épaule, tantôt sur la poitrine, tantôt dans le dos, tantôt sur la coiffe ou le bonnet, parfois en plusieurs endroits. Ici non plus il n'est pas possible de généraliser[153]. Mais un fait semble bien établi : le bleu n'est jamais ni infamant ni discriminatoire.

Du noir promu au bleu moral

Revenons au noir et à sa soudaine promotion à partir du milieu du XIVe siècle. Celle-ci paraît bien être la conséquence directe des lois somptuaires et des règlements vestimentaires dont il vient d'être parlé. Le phénomène part d'Italie et ne concerne à l'origine que les milieux urbains. Certains patriciens[154] et marchands fortunés mais n'ayant pas encore atteint le sommet de l'échelle sociale se voient interdire l'usage des rouges trop fastueux (comme les célèbres écarlates de Venise, *scarlatti veneziani di grana*) ou des bleus trop intenses (dont les fameux bleus « paonacés » de Florence, *panni paonacei*)[155]. Ils prennent donc l'habitude, par soustraction en quelque sorte, de se vêtir de noir, couleur jusque-là réputée modeste et de peu de valeur. Mais parce qu'ils sont riches, ils exigent des drapiers ou des tailleurs qu'ils leur fournissent de nouveaux tons de noir, plus solides, plus vifs, plus séduisants. Stimulés par cette demande inhabituelle, les drapiers poussent les teinturiers à faire des efforts pour la satisfaire, car elle émane d'une clientèle riche et dépensière. En peu de temps, à l'horizon des années 1360-1380, les teinturiers y parviennent. La mode du noir est lancée. Elle permet à ces patriciens d'obéir aux lois et aux règlements tout en s'habillant selon leurs goûts. Elle leur donne également la possibilité de contourner l'interdiction qui leur est faite dans de nombreuses villes de porter des fourrures trop précieuses, notamment la martre zibeline, la plus chère et la plus noire de toutes les fourrures, et donc réservée aux princes. Elle leur fournit enfin l'occasion d'afficher une tenue vestimentaire austère et vertueuse, et ce faisant de satisfaire les autorités urbaines et les moralistes.

Rapidement d'autres classes sociales imitent les patriciens et les riches marchands. D'abord les princes. Dès la fin du XIVe siècle, on note la présence de vêtements noirs dans la garde-robe de très grands personnages : le duc de Milan, le comte de Savoie[156], les seigneurs de Mantoue, Ferrare, Rimini, Urbino. Puis, au tournant du siècle, la mode sort d'Italie : rois et princes étrangers se mettent eux aussi au noir, un peu plus tôt en France et en Angleterre[157], un peu plus tard en Allemagne et en Espagne. À la cour de France, par exemple, c'est pendant la folie de Charles VI, après 1392, que cette couleur commence à être portée par les oncles du roi, peut-être sous l'influence de sa jeune belle-sœur, Valentine Visconti, qui apporte avec elle les usages de la cour de son père, le duc de Milan. Cependant l'étape décisive se situe quelques années plus tard, en 1419-1420, lorsqu'un jeune prince appelé à devenir le plus puissant d'Occident succombe lui aussi à la mode nouvelle du noir et y reste fidèle sa vie durant : le duc de Bourgogne Philippe le Bon[158].

Plusieurs chroniqueurs ont souligné cette permanence du noir chez Philippe et expliqué qu'en portant cette couleur le duc portait le deuil de son père, Jean sans Peur, assassiné par les Armagnacs au pont de Montereau en 1419[159]. Cela n'est pas faux, mais on peut remarquer que ce même Jean sans Peur était déjà un fidèle du noir, depuis l'échec de sa croisade à Nicopolis en 1396[160]. Tradition dynastique, mode princière, événements politiques et histoire personnelle se sont en fait associés pour vouer Philippe le Bon à cette couleur, dont son prestige personnel assura dans tout l'Occident la promotion définitive.

Le XVe siècle est en effet le grand siècle du noir. Jusqu'aux années 1480, il n'est pas une garde-robe royale ou princière dans laquelle cette couleur ne soit abondamment présente sur les draps, les fourrures et les soieries. Elle peut être employée seule, le vêtement ou la pièce de vêtement étant alors monochrome, ou bien associée à une autre couleur, généralement le blanc ou le gris. Car le XVe siècle, grand siècle du noir et des couleurs sombres, est aussi celui de la promotion du gris. Pour la première fois dans l'histoire du vêtement occidental cette couleur, jusque-là abandonnée aux tenues de travail et aux vêtements les plus humbles, devient une couleur recherchée, séduisante, débridée même. Deux princes lui sont fidèles pendant de longues années : René d'Anjou[161] et Charles d'Orléans, qui dans leurs écrits comme dans leur vestiaire se plaisent à faire du gris le contraire du noir. Ce dernier est signe de deuil ou de mélancolie ; le gris au contraire est symbole d'espérance et de joie, comme le chante joliment Charles d'Orléans, prince et poète « au cœur vêtu de noir » qui resta prisonnier en Angleterre pendant vingt-cinq ans :

Combien qu'il soit hors de France
Par deça le Mont Senis,
Il vit en bonne espérance
Puis qu'il est vestu de gris[162].

Le succès du noir vestimentaire ne se termine pas en 1477 avec la mort du dernier duc de Bourgogne, Charles le Téméraire – lui aussi très attaché au noir – ni même avec le XVe siècle. Le siècle suivant reste doublement fidèle à cette couleur. Car à côté du noir royal et princier, dont la vogue en milieu curial se prolonge fort avant dans l'époque moderne (parfois jusqu'au milieu du XVIIe siècle), se maintient et se renforce le noir moral, celui du costume des religieux et des gens « de robe longue ». La Réforme protestante voit dans ce noir la couleur la plus digne, la plus vertueuse, la plus chrétienne ; elle tend progressivement à y assimiler le bleu, couleur honnête, couleur tempérante, couleur du ciel et de l'esprit.

La Réforme et la couleur : le culte

La guerre déclarée aux images par les grands réformateurs protestants est un sujet qui a suscité de nombreux travaux. Toutefois, à côté de cet iconoclasme réformé il existe aussi un véritable « chromoclasme » qui, lui, attend encore d'être étudié. Ce chromoclasme, qui joue un rôle essentiel dans la valorisation de la couleur bleue au début de l'époque moderne, s'exprime sur différents terrains : le culte, l'art, le vêtement et la vie quotidienne. Étudions-les successivement.

La question de savoir si la couleur doit être ou non présente dans le temple chrétien est ancienne. Nous en avons déjà parlé pour l'époque carolingienne et, surtout, pour l'époque romane, lors du violent conflit – dogmatique mais aussi éthique et esthétique – qui, en milieu monastique, oppose les clunisiens et les cisterciens[163]. Plusieurs prélats (dont tous les grands abbés de Cluny) et un grand nombre de théologiens pensent que la couleur, c'est de la lumière, seule partie du monde sensible qui soit à la fois visible et immatérielle. Or Dieu est lumière. Il est donc licite, et même conseillé, d'étendre dans l'église la place réservée à la couleur, non seulement pour dissiper les ténèbres mais aussi pour faire une plus large place au divin. C'est ce que fait Suger, comme nous l'avons vu, lorsque à partir de 1129-1130, il entreprend la reconstruction de l'église abbatiale de Saint-Denis. Mais d'autres prélats sont hostiles à la couleur, en laquelle ils voient de la matière et non pas de la lumière[164].

Ce second point de vue prévaut dans les églises cisterciennes pendant une large partie du XIIe siècle et même quelquefois encore au XIIIe. Il se fait plus nuancé par la suite. À partir du milieu du XIVe siècle (parfois avant), les deux positions ont du reste tendance à se rapprocher. Ni la polychromie absolue ni la décoloration totale ne sont plus guère de mise. On préfère désormais les simples rehauts de couleurs, la dorure des seules lignes et arêtes, les effets de grisaille. Du moins en France et en Angleterre. Car dans les pays d'Empire (sauf aux Pays-Bas), en Pologne, en Bohême, en Italie et en Espagne, la couleur reste pesamment présente. Dans les cathédrales les plus riches, la place de l'or se fait même envahissante et le luxe du décor fait écho à celui du culte et du vêtement. D'où différents mouvements qui au XVe siècle (par exemple la révolte hussite) s'insurgent déjà contre la richesse ostentatoire de l'or, de la couleur et des images dans les églises, comme le feront quelques décennies plus tard les protestants. Cela n'est pas sans effet. D'assez nombreuses miniatures de l'Europe du Nord et du Nord-Ouest montrent, dès le début du XVe siècle, des intérieurs d'église fortement décolorés, comme le seront deux siècles plus tard les intérieurs des temples calvinistes dans la peinture néerlandaise.

Les débuts de la Réforme protestante ne se situent donc pas au moment où les églises d'Occident ont été le plus chargées de couleurs. Au contraire, ils s'inscrivent dans une phase de polychromie déclinante et de coloration plus sobre. Mais cette tendance n'est pas générale, et pour les réformateurs elle est insuffisante : il faut faire sortir massivement la couleur du temple. Comme saint Bernard au XIIe siècle, Carlstadt, Melanchton, Zwingli et Calvin (l'attitude de Luther semble plus nuancée[165]) dénoncent la couleur et les sanctuaires trop richement peints. Comme le prophète biblique Jérémie s'emportant contre le roi Joachim, ils vitupèrent ceux qui construisent des temples semblables à des palais, « y percent des fenêtres, les revêtent de cèdre et les enduisent de vermillon »[166]. La couleur rouge – la couleur par excellence pour la Bible – est celle qui symbolise au plus haut point le luxe et le péché. Elle ne renvoie plus au sang du Christ, mais à la folie des hommes. Carlstadt et Luther la tiennent en abomination[167]. Ce dernier y voit la couleur emblématique de la Rome papiste, colorée comme la grande prostituée de Babylone[168].

Tout cela est relativement bien connu, surtout pour ce qui concerne l'assimilation faite entre couleurs, ornements polychromes et pompe liturgique. Ce qui l'est moins, en revanche, c'est la mise en action des points de vue théoriques et dogmatiques par les différentes églises et confessions protestantes. Comment se présentent la chronologie et la géographie de l'expulsion de la couleur hors des temples ? Quelle est la part des destructions violentes, des pratiques de dissimulation ou de décoloration (matériaux mis à nu, tentures monochromes cachant les peintures, badigeonnages à la chaux), des aménagements entièrement nouveaux ? Recherche-t-on partout un degré zéro de la couleur, ou bien est-on dans certains cas, en certains lieux, à certains moments, plus tolérants, moins chromophobes ? Qu'est-ce au demeurant que le degré zéro de la couleur ? Le blanc ? Le gris ? Le bleu ? Le non-peint ?

En ces domaines, nos informations restent lacunaires, simplistes, parfois contradictoires. Le chromoclasme n'est pas l'iconoclasme. On ne peut pas lui attribuer telles quelles les grilles chronologiques et cartographiques fournies par les études consacrées à la guerre faite aux images. La guerre faite aux couleurs – si guerre il y a – s'exprime d'une façon différente, moins violente, plus diffuse, plus subtile aussi, et donc moins facilement observable par l'historien. Au reste y a-t-il eu vraiment des agressions contre des images, des objets ou des bâtiments uniquement parce qu'ils portaient des couleurs trop riches ou trop provocantes ? Comment répondre à une telle question ? Comment séparer la couleur de son support ? La polychromie sculptée, surtout dans le cas des statues de la Vierge et des saints, contribue certainement aux yeux des Réformés à transformer ces statues en idoles. Mais elle n'est pas seule en cause. Et dans le cas des nombreuses destructions de vitraux par les huguenots, qu'est-ce qui est visé ? L'image ? La couleur ? Le traitement formel (représentations anthropomorphes des personnes divines) ? Ou bien le sujet (scènes de la vie de la Vierge, légendes hagiographiques, figurations du clergé) ? Ici aussi il est difficile de répondre. D'autant qu'il est permis de se demander, en prenant le problème presque en sens inverse, si les rituels d'injures et de violences des Réformés à l'encontre des images et des couleurs ne participent pas quelquefois d'une certaine « liturgie de la couleur », tant ces rituels, en quelques occasions (surtout à Zurich et en Languedoc), prennent un tour théâtral, pour ne pas dire « carnavalesque »[169].

Cette notion de liturgie nous renvoie au rituel de la messe catholique. Dans celui-ci, la couleur joue un rôle primordial. Les objets et les vêtements du culte sont non seulement codés par le système des couleurs liturgiques, mais ils sont aussi pleinement associés aux luminaires, au décor architectural, à la polychromie sculptée, aux images peintes dans les livres saints et à tous les ornements précieux, pour créer une véritable théâtralité de la couleur. Comme les gestes, comme les rythmes, comme les sons, les couleurs sont un élément essentiel au bon déroulement de l'office divin[170]. Or, nous l'avons vu, le bleu est totalement absent du système des couleurs liturgiques, tel qu'il s'est mis en place pendant le haut Moyen Âge puis codifié au tournant des XIIe-XIIIe siècles. Cette absence explique peut-être pourquoi la Réforme restera toujours bienveillante à l'égard du bleu, à l'intérieur du temple comme à l'extérieur, dans les usages artistiques et sociaux de la couleur comme dans ses usages religieux.

Partant en guerre contre la messe et contre ce « théâtre

obscène qui ridiculise l'Église, transforme les prêtres en histrions » (Calvin), « fait étalage de parures et de richesses inutiles » (Luther), la Réforme ne pouvait que partir en guerre contre la couleur. À la fois pour ce qui était de sa présence physique à l'intérieur du temple et de son rôle dans la liturgie. Pour Zwingli, la beauté extérieure des rites fausse la sincérité du culte[171]. Pour Luther et pour Melanchton, le temple doit être débarrassé de toute vanité humaine. Pour Carlstadt, il doit être « aussi pur qu'une synagogue »[172]. Pour Calvin, son plus bel ornement est la parole de Dieu. Pour tous, il doit conduire les fidèles à la sainteté, et donc être simple, harmonieux, sans mélange, sa pureté signifiant ou favorisant la pureté de l'âme. Dès lors, il n'y a plus de place pour les couleurs liturgiques, telles que les emploie l'Église romaine, ni même pour un quelconque rôle cultuel de la couleur à l'intérieur du temple.

La Réforme et la couleur : l'art

Existe-t-il un art spécifiquement protestant ? La question n'est pas neuve. Mais les réponses que l'on a tenté d'y apporter demeurent incertaines et contradictoires. En outre, si les travaux ont été nombreux qui se sont proposé d'étudier les rapports entre la Réforme et la création artistique, très rares sont ceux qui ont pensé aux problèmes de la couleur. Celle-ci reste, toujours et partout, la grande absente des études d'histoire de l'art, y compris et surtout de l'histoire de la peinture[173].

Nous venons de voir comment, dans certains cas, la guerre faite aux images pouvait s'accompagner d'une guerre faite aux couleurs, jugées trop vives, trop riches, trop provocantes. L'érudit et antiquaire Roger de Gaignières (1642-1715) nous a transmis le dessin de plusieurs tombeaux médiévaux de prélats angevins et poitevins, autrefois ornés de magnifiques couleurs, mais que les huguenots, dans la grande vague d'iconoclasme et de chromoclasme de l'année 1562, ont entièrement dépeints ou décolorés. Dans le Nord et aux Pays-Bas, les « casseurs de l'été 1566 » ont parfois agi pareillement, même si la destruction pure et simple l'a emporté sur l'écaillage, le grattage ou le badigeonnage[174]. Dans le domaine luthérien, en revanche, une fois passé la période des premières violences, un certain respect des images anciennes, que l'on retire des sanctuaires ou que l'on recouvre de tentures, va de pair avec une tolérance plus grande pour la couleur en place, notamment lorsqu'il s'agit de couleurs jugées « honnêtes » ou morales : le blanc, le noir, le gris et le bleu.

Cependant, l'essentiel n'est pas là. Ce ne sont pas les destructions mais les créations qui peuvent nous apporter les informations les plus pertinentes sur l'attitude du protestantisme à l'égard de l'art et de la couleur. Il faut donc étudier la palette des peintres protestants et, plus en amont, les discours des réformateurs en matière de création picturale et de sensibilité esthétique. Ce qui n'est pas facile car ce discours est souvent touffu et changeant[175]. Zwingli, par exemple, semble moins hostile à la beauté des couleurs à la fin de sa vie que pendant les années 1523-1525. Il est vrai que, comme Luther, la musique le préoccupe davantage que la peinture[176]. C'est donc sans doute chez Calvin que l'on trouve le plus grand nombre de remarques ou de recommandations à propos de l'art et de la couleur. Elles sont malheureusement dispersées dans un nombre de pages très élevé. Essayons de les résumer sans trop les trahir.

Calvin ne condamne pas les arts plastiques, mais ceux-ci doivent être uniquement séculiers et chercher à instruire, à « réjouir » (presque au sens théologique) et à honorer Dieu. Non pas en représentant le Créateur (ce qui est abominable) mais la Création. L'artiste doit donc fuir les sujets artificiels, gratuits, invitant à l'intrigue ou à la lascivité. L'art n'a pas de valeur en soi ; il vient de Dieu et doit aider à mieux le comprendre. Par là même, le peintre doit travailler avec modération, chercher l'harmonie des formes et des tons, prendre son inspiration dans le créé et représenter ce qu'il voit. Pour Calvin, les éléments constructifs de la beauté sont la clarté, l'ordre et la perfection. Les plus belles couleurs sont celles de la nature ; les tons vert tendre de certains végétaux ont à ses yeux « beaucoup de grâce », et la plus belle couleur est naturellement celle du ciel[177].

Si, pour ce qui concerne le choix des sujets (portraits, paysages, animaux, natures mortes), il n'est guère difficile d'établir un lien entre ces recommandations et les tableaux des peintres calvinistes des XVIe et XVIIe siècles, cela est moins aisé pour ce qui concerne les couleurs. Existe-t-il vraiment une palette calviniste ? Une palette protestante ? De telles questions ont-elles un sens ?

Pour ma part, j'aurais tendance à répondre oui dans les trois cas. Les peintres protestants me semblent bien avoir dans leur palette quelques dominantes et récurrences qui leur donnent une authentique spécificité chromatique : sobriété générale, horreur du bariolage, teintes sombres, effets de grisaille, jeux de camaïeux (notamment dans la gamme des gris et des bleus), recherche de la couleur locale, fuite de tout ce qui agresse l'œil en transgressant l'économie chromatique du tableau par des ruptures de tonalité. Chez plusieurs peintres calvinistes, on peut même parler d'un véritable puritanisme de la couleur, tant ces principes sont appliqués de façon radicale. C'est par exemple le cas de Rembrandt, qui pratique souvent une sorte d'ascèse de la couleur, appuyée sur des tons foncés, peu nombreux (au point qu'on l'a parfois accusé de monochromie), retenus, pour laisser la place aux puissants effets de lumière et de vibration. De cette palette si particulière se dégagent une forte musicalité et une indéniable intensité spirituelle[178].

Dans la longue durée, il existe donc en Occident une grande continuité des différentes morales artistiques de la couleur. Entre l'art cistercien du XIIe siècle et la peinture calviniste ou janséniste du XVIIe, en passant par les miniatures en grisaille des XIVe et XVe siècles et la vague chromoclaste des débuts de la Réforme, il n'y a aucune rupture mais au contraire un discours univoque : la couleur est fard, luxe, artifice, illusion. Elle est vaine parce qu'elle est matière ; elle est dangereuse parce qu'elle détourne du vrai et du bien ; elle est coupable parce qu'elle tente de séduire et de tromper ; elle est gênante parce qu'elle empêche de reconnaître clairement les formes et les contours[179]. Saint Bernard et Calvin tiennent à peu près le même langage, et celui-ci n'est guère différent de celui que tiendront, au XVIIe siècle, les adversaires de Rubens et du rubenisme dans le cadre des interminables débats sur la primauté du dessin ou du coloris. Nous en parlerons un peu plus loin[180].

La chromophobie artistique de la Réforme n'est guère novatrice. Mais elle joue un rôle essentiel dans l'évolution de la sensibilité occidentale aux couleurs. D'un côté elle contribue à accentuer l'opposition entre le noir et blanc et les couleurs proprement dites ; de l'autre elle entraîne une réaction romaine chromophile et participe, indirectement, à la genèse de l'art baroque et jésuite. Pour la Contre-Réforme, l'église est une image du ciel sur la terre et le dogme de la présence réelle justifie toutes les magnificences à l'intérieur du sanctuaire. Rien n'est trop beau pour la maison de Dieu : marbres, ors, étoffes et métaux précieux, verrières, statues, fresques, images, peintures et couleurs resplendissantes ; toutes choses rejetées par le temple et le culte réformés. Avec l'art baroque, l'église romaine redevient ce sanctuaire de la couleur qu'elle était pendant le haut Moyen Âge et où le bleu cède désormais la première place à l'or.

La Réforme et la couleur : le vêtement

C'est sans doute dans les pratiques vestimentaires que la chromophobie protestante a exercé son influence la plus profonde et la plus durable. C'est aussi un des domaines où les préceptes des grands réformateurs sont les plus convergents. Sur les relations entre la couleur et l'art, les images, le temple, la liturgie, leurs opinions vont *grosso modo* dans le même sens, mais elles divergent sur un si grand nombre de points secondaires qu'il est difficile de parler de concordance absolue. Sur le vêtement, ce n'est pas le cas : le discours est presque univoque et les usages sont similaires. Les différences ne sont que des différences de nuances et de degrés, chaque confession, chaque secte ayant comme partout ses modérés et ses radicaux.

Pour la Réforme, le vêtement est toujours plus ou moins signe de honte et de péché. Il est lié à la Chute, et l'une de ses principales fonctions est de rappeler à l'homme sa déchéance. C'est pourquoi il doit être signe d'humilité et donc se faire sobre, simple, discret, s'adapter à la nature et aux activités. Toutes les morales protestantes ont l'aversion la plus profonde pour le luxe vestimentaire, pour les fards et les parures, pour les déguisements, les modes changeantes ou excentriques. Pour Zwingli et pour Calvin, se parer est une impureté, se farder une obscénité, se déguiser une abomination[181].

Pour Melanchton, proche de Luther, un souci trop grand accordé au corps et au vêtement place l'homme au-dessous de l'animal. Pour tous, le luxe est une corruption ; le seul ornement qu'il faille rechercher est celui de l'âme. L'être doit prendre le pas sur le paraître.

Ces commandements ont pour conséquence une austérité extrême du vêtement et de l'apparence : simplicité des formes, discrétion des couleurs, suppression des accessoires et des artifices pouvant masquer la vérité. Les grands réformateurs donnent l'exemple, à la fois dans leur vie quotidienne et dans les représentations peintes ou gravées qu'ils ont laissées d'eux-mêmes. Tous se font figurer en vêtements sombres, discrets, tristes même. Et le plus souvent ces portraits sombres ou noirs sont placés sur des fonds bleu clair, à l'image de la couleur du ciel.

Cette quête de la simplicité et de la sévérité se traduit chez les protestants par une palette vestimentaire d'où sont absentes toutes les couleurs vives, jugées déshonnêtes : le rouge et le jaune, bien sûr, mais aussi les roses, les orangés, de nombreux verts et la plupart des violets. Sont en revanche abondamment utilisées toutes les couleurs foncées, les noirs, les gris, les bruns, ainsi que le blanc, couleur digne et pure, recommandée pour les vêtements des enfants (et parfois des femmes). Le bleu, au début, est admis dans la mesure où il reste peu saturé, terne, grisé. Puis, dès la fin du XVIe siècle, il est définitivement rangé au nombre des couleurs « honnêtes ». Ce qui en revanche relève du bariolage, ce qui « habille les hommes comme des paons » – l'expression est de Melanchton[182] – est sévèrement condamné. Comme dans le temple et comme pour la liturgie, la Réforme répète ici sa haine de la polychromie.

Cette palette protestante ne diffère guère de celles que les morales vestimentaires médiévales avaient prescrites pendant plusieurs siècles. Qu'il s'agisse des règles monastiques du haut Moyen Âge, des constitutions des ordres mendiants au XIIIe siècle, des lois somptuaires et des décrets vestimentaires de la fin du Moyen Âge, tous les textes normatifs et législatifs recommandaient ou imposaient des couleurs sombres et sobres. Mais ces morales médiévales de la couleur n'étaient pas seulement des morales de la coloration. C'étaient aussi des morales de la saturation : les matières colorantes trop riches, trop denses, produisant sur le tissu des couleurs certes dignes mais trop concentrées, étaient proscrites.

Rien de tel avec la Réforme, ni avec l'ensemble des lois vestimentaires de l'époque moderne. Ce sont bien les couleurs – entendons les colorations – qui sont en cause. Certaines couleurs sont interdites ; d'autres sont prescrites. Les normes vestimentaires et les règles somptuaires édictées par la plupart des autorités protestantes sont très claires à ce sujet, aussi bien à Zurich et à Genève au XVIe siècle qu'à Londres au milieu du XVIIe, dans l'Allemagne piétiste quelques décennies plus tard, ou même en Pennsylvanie au XVIIIe siècle. Ces règlements mériteraient des travaux plus nombreux et surtout resitués dans des perspectives plus nettement anthropologiques[183]. Ils aideraient à suivre, dans la longue durée, l'évolution des préceptes et des pratiques, à distinguer les phases ou les zones de relâchement et celles de radicalisme. De nombreuses sectes puritaines ou piétistes ont accentué la sévérité et l'uniformité du vêtement réformé – l'uniforme, que préconisaient déjà les anabaptistes à Munster en 1535, est toujours resté une tentation de la Réforme – par haine des vanités du monde[184]. Ce faisant, elles ont contribué à donner au vêtement protestant en général une image non seulement austère et passéiste, mais aussi quelque peu réactionnaire, car hostile aux modes, aux changements, aux nouveautés. En même temps, elles ont contribué à prolonger fort avant dans l'époque moderne la vogue des vêtements sombres, à distinguer peu à peu le noir et le blanc des couleurs proprement dites, et, parmi ces dernières, à faire du bleu la seule couleur honnête, digne d'un bon chrétien.

L'historien, en effet, est en droit de s'interroger sur les conséquences à long terme du rejet des couleurs, ou du moins de certaines d'entre elles, par la Réforme et par les systèmes de valeurs qu'elle a contribué à mettre en place. Il est indéniable qu'une telle attitude a favorisé cette séparation évoquée plus haut (et déjà en gestation à la fin du Moyen Âge) entre le monde du noir-gris-blanc et celui des couleurs. Prolongeant dans la vie quotidienne, culturelle et morale une nouvelle sensibilité chromatique apportée par le livre imprimé et par l'image gravée, la Réforme religieuse prépare le terrain à la science et à Newton (lui-même membre d'une secte anglicane)[185].

Mais les effets de chromophobie protestante ne s'arrêtent pas aux travaux de Newton. Ils se font sentir plus avant encore, notamment me semble-t-il à partir de la seconde moitié du XIXe siècle, lorsque les industries occidentales commencent à produire à très grande échelle des objets de consommation de masse. Les liens sont étroits qui unissent alors le grand capitalisme industriel et les milieux protestants. La production de ces objets d'utilisation courante s'accompagne en Angleterre, en Allemagne, aux États-Unis, de considérations morales et sociales relevant pour une large part de l'éthique protestante. Je me demande donc si ce n'est pas à cette éthique que l'on doit la palette peu colorée de ces productions de masse. Alors que, depuis déjà un certain temps, la chimie industrielle des colorants permettait de fabriquer des objets de colorations variées, il est frappant de voir comment, par exemple, les premiers appareils ménagers, les premiers stylographes, les premières machines à écrire, les premières voitures (pour ne rien dire des étoffes et des vêtements), produits en quantité industrielle, s'inscrivent toujours dans une gamme noir-gris-blanc-bleu. Comme si la débauche de couleurs qu'autorisait la technique était rejetée par la morale sociale (ce qui sera le cas du cinéma pendant longtemps[186]). L'exemple le plus célèbre d'un tel comportement est celui de Henry Ford, puritain soucieux d'éthique en tous domaines : malgré les attentes du public, malgré la concurrence, il refusa pendant longtemps, pour des raisons morales, de vendre des voitures autres que noires[187].

La palette des peintres

Revenons au XVIIe siècle. À partir des années 1630-1640, les peintres protestants n'ont plus le monopole de l'austérité chromatique. Celle-ci se rencontre également chez certains peintres catholiques, principalement chez ceux qui s'inscrivent dans la mouvance janséniste. On a ainsi pu remarquer que la palette de Philippe de Champaigne se faisait plus économe, plus dépouillée, plus sombre aussi, à partir du moment (1646) où il se rapprochait de Port-Royal puis opérait sa véritable conversion au jansénisme[188]. Très éloignée de celle de Rubens, ou même de celle de Van Dyck, sa palette se rapproche désormais de celle de Rembrandt, le bleu en plus. Un bleu subtil, tout à la fois saturé et retenu, fuyant et nocturne. Un bleu moral.

Étudier la palette d'un peintre ancien n'est pas un exercice facile. Non seulement parce que nous voyons les couleurs qu'il a posées sur la toile ou le panneau telles que le temps les a faites et non pas dans leur état d'origine, mais aussi parce que nous les voyons le plus souvent au musée, c'est-à-dire dans un contexte et des conditions d'éclairage qui n'ont guère de rapport avec l'environnement et les lumières qu'ont connus le peintre et son premier public. La lumière électrique n'est pas la chandelle, ni la bougie, ni la lampe à huile ; c'est une évidence. Mais quel historien de l'art, quel critique s'en souvient lorsqu'il regarde ou étudie un tableau ancien ?

Cela dit, il est moins difficile d'étudier la palette d'un peintre du XVIIe siècle que celle d'un peintre du XVIIIe. Au XVIIIe siècle, les nouveautés dans le domaine des pigments se font de plus en plus nombreuses, et les vieilles recettes d'atelier pour choisir, broyer, lier et poser les couleurs sont relayées, concurrencées ou perturbées par des pratiques nouvelles, parfois très différentes d'un atelier à l'autre, d'un peintre à l'autre. En outre, les découvertes de Newton et la mise en valeur du spectre à la fin du siècle précédent transforment progressivement l'ordre des couleurs : le rouge ne se situe plus à mi-chemin entre le blanc et le noir ; le vert est définitivement pensé comme un mélange de bleu et de jaune ; la notion de couleurs primaires et de couleurs complémentaires se met peu à peu en place, de même que celle de couleurs chaudes et de couleurs froides au sens où nous les entendons aujourd'hui. À la fin du XVIIIe siècle, l'univers des couleurs n'est plus du tout ce qu'il était à son début.

Pas de mutations aussi profondes à l'époque de Rubens, de Rembrandt, de Vermeer ou de Philippe de Champaigne. Et ce qui est vrai des peintres du Nord l'est aussi de ceux de l'Europe méridionale : le XVIIe siècle innove peu dans le domaine des pigments[189]. La seule véritable nouveauté est l'emploi du jaune de Naples – qui s'inscrit dans des tonalités sises entre l'ocre jaune et le jaune citron – jusque-là réservé aux arts du feu. Contrairement à ce qu'on a parfois écrit, les peintres du XVIIe siècle sont très traditionnels dans les pigments qu'ils utilisent[190]. Leur originalité et leur génie sont à chercher ailleurs, dans la façon dont ils travaillent et associent les couleurs, et non pas dans les matériaux dont ils se servent.

Prenons l'exemple de Vermeer, à mes yeux le plus grand peintre du siècle. Ses pigments sont ceux de son époque. Pour les bleus, souvent très vifs, encore et toujours du lapis-lazuli[191]. Mais comme ce pigment coûte très cher, il est réservé au travail de surface ; en dessous, l'ébauche est faite avec de l'azurite ou du smalt (notamment pour les ciels)[192], parfois, mais plus rarement avec de l'indigo[193]. Pour les jaunes, outre les terres ocre traditionnelles, dont on se sert depuis une antiquité reculée, des jaunes d'étain et, avec une certaine parcimonie, le nouveau « jaune de Naples » (qui est un antimoniate de plomb) ; les Italiens l'emploient avant les peintres du Nord et d'une manière plus déliée. Pour les verts, peu de verts de cuivre, instables et corrosifs, mais beaucoup de terres vertes, chez Vermeer comme chez tous les peintres du XVIIe siècle. À cette époque, en effet, il est encore relativement rare que l'on mélange des pigments jaunes et des pigments bleus pour obtenir du vert. Cela existe, bien sûr, mais c'est surtout au siècle suivant – au grand regret de certains artistes[194] – que cette pratique se généralisera. Enfin pour les rouges, du vermillon, du minium (en petite quantité), de la laque de cochenille ou de garance, du bois de brésil (pour les roses et les orangés également) et des terres ocre-rouge de toutes nuances.

Rien de bien original, donc, dans la palette vermeerienne, telle qu'elle a été mise au jour par les analyses en laboratoire[195]. Mais dès que l'on quitte la palette pigmentaire pour se concentrer sur la palette visuelle – et c'est évidemment là l'essentiel – Vermeer ne ressemble plus guère à ses contemporains. Le coloris est chez lui plus harmonieux, plus velouté, plus raffiné. Cela est évidemment dû à un incomparable travail sur la lumière, sur les zones claires et les zones de pénombre, mais aussi à une touche et à une finition particulières. Les historiens de la peinture ont tout dit, ou presque, sur cet aspect de son génie. Peu d'entre eux, en revanche, ont véritablement parlé des couleurs elles-mêmes.

La place manque pour le faire ici par le détail, mais il faudrait d'abord souligner le rôle des gris, notamment des gris clair. C'est souvent sur eux que repose toute l'économie chromatique du tableau. Il faudrait ensuite insister sur la qualité des bleus. Vermeer est un peintre du bleu (et même du bleu et blanc, tant ces deux couleurs fonctionnent chez lui en association). C'est surtout ce travail sur les bleus qui, chromatiquement, le distingue des autres peintres néerlandais du XVIIe siècle. Quels que soient leur talent et leurs qualités, ils ne savent pas jouer des bleus aussi subtilement. Enfin, chez Vermeer, il faudrait rappeler – encore et toujours – à la suite de Marcel Proust, l'importance des petites zones jaunes, certaines plus ou moins rosées (comme le célébrissime « petit pan de mur jaune » de la vue de Delft) et d'autres plus acides. Sur ces jaunes, ces blancs et ces bleus repose une grande partie de la musique vermeerienne, celle qui nous enchante et qui en fait un peintre si différent des autres, non seulement le premier de son siècle, mais peut-être aussi le premier de tous les temps.

Nouveaux enjeux et nouveaux classements pour la couleur

Chez les peintres du XVIIe siècle, les diversités de palette sont donc davantage dues à la façon de travailler et de mettre en œuvre les couleurs qu'à l'emploi de pigments différents. Elles sont aussi, nous l'avons vu, le reflet de sensibilités religieuses divergentes : non seulement il y a une peinture catholique et une peinture protestante, mais dans l'une comme dans l'autre s'expriment des tendances ou des intentions plus nettement jésuites, jansénistes, luthériennes, calvinistes. Toutefois cette diversité confessionnelle ne suffit pas à expliquer telle ou telle palette. Celle-là est aussi liée à la position du peintre dans les interminables débats qui, depuis la Renaissance, occupent les artistes et les théoriciens pour savoir lequel du dessin ou du coloris doit avoir la primauté dans le travail du peintre[196].

Les adversaires de la couleur ne manquent pas d'arguments. Ils jugent celle-ci moins noble que le dessin parce que, contrairement à ce dernier, ce n'est pas une création de l'esprit mais seulement le produit des pigments et de la matière. De plus, à leurs yeux, la couleur gêne plus ou moins le regard, notamment le rouge, le vert et le jaune ; le bleu, en revanche, qui passe pour une couleur « lointaine », n'est guère mis en cause[197]. Toujours selon ses adversaires, la couleur empêche de discerner les contours et d'identifier les formes ; par là même, elle détourne du Vrai et du Bien. Sa séduction est trompeuse et coupable, elle ne peut être qu'artifice, fausseté, mensonge. Enfin elle est dangereuse parce qu'elle est incontrôlable : elle se refuse au langage et échappe à toute généralisation, sinon à toute analyse. Il faut la contrôler ou la retenir chaque fois qu'on le peut[198].

Ces derniers arguments, cependant, sont progressivement contestés par les hommes de science. Le XVIIe siècle est en effet le grand siècle des recherches sur la nature et sur la mesure de la lumière. Dès 1666, Isaac Newton, à partir des célèbres expériences du prisme, décompose la lumière blanche en rayons colorés et découvre le spectre, un nouvel ordre des couleurs au sein duquel le noir et le blanc n'ont plus leur place – la science venant ainsi confirmer ce que la morale et la société pratiquaient depuis longtemps : l'exclusion du noir et du blanc de l'univers des couleurs. Un ordre également où désormais la position centrale n'est plus, comme dans les systèmes antiques et médiévaux, occupée par le rouge, mais bien par le bleu et par le vert. En outre, Newton montre que la couleur, qui tient son origine dans la transmission et la dispersion de la lumière, peut, comme celle-ci, se mesurer[199]. Dès lors la colorimétrie envahit les arts et les sciences. La fin du XVIIe siècle et le début du XVIIIe voient ainsi se multiplier les nuanciers, les schémas et les échelles chromatiques qui mettent en valeur les lois, les nombres et les normes auxquels est soumise la couleur[200]. Pour la science, celle-ci apparaît désormais comme plus ou moins domptée et, par là même, elle perd une part importante de ses mystères.

Au début du XVIIIe siècle, la plupart des artistes se rangent à l'avis des savants, et la couleur semble l'emporter provisoirement sur le dessin[201]. Désormais maîtrisable et mesurable, elle peut remplir dans le tableau ou l'œuvre d'art des fonctions qu'on lui refusait autrefois : classer, distinguer, hiérarchiser, mettre en ordre le regard. En outre, et surtout, elle parvient à montrer ce que le dessin seul ne parvient pas à faire connaître. Ainsi le rendu de la chair, dans lequel les maîtres anciens – au premier rang desquels on place Titien – passent pour avoir excellé[202].

Pour les partisans de la primauté du coloris sur le dessin, c'est là un argument définitif : seule la couleur donne vie aux êtres de chair ; seule la couleur est peinture parce qu'il ne peut y avoir de peinture que des êtres vivants. Idée forte qui traversera tout le siècle des Lumières et qui sera longuement reprise par Hegel[203]. Elle explique sans doute pourquoi la gravure en couleurs à ses débuts a eu pour champ d'application favori les planches d'anatomie : la couleur se fait charnelle ! Mais contrairement à ce que pensaient ses adversaires du siècle précédent, c'est parce qu'elle est charnelle qu'elle semble désormais plus vraie.

L'invention de la gravure en couleurs par Jakob Christoffel Le Blon au début du XVIIIe siècle[204] est l'aboutissement de ces préoccupations et de ces transformations. Elle vient clore un débat vieux de plusieurs siècles et met provisoirement fin aux recherches des graveurs et des imprimeurs pour faire de la couleur en noir et blanc[205]. Mais le plus important n'est sans doute pas là. L'essentiel de cette nouveauté technique et artistique se trouve plutôt dans le nouvel ordre des couleurs qu'elle met en scène et sur lequel repose sa réussite. Un ordre qui rompt radicalement avec les systèmes et les classements anciens, et qui prépare le terrain à la théorie des couleurs primaires et des couleurs complémentaires[206].

Celle-ci n'est pas encore définitivement formulée[207] – malgré l'usage qu'en font déjà certains peintres – mais trois couleurs prennent dorénavant le pas sur les autres : le rouge, le bleu et le jaune. Le tirage superposé et repéré de trois planches encrées chacune d'une de ces trois couleurs suffit en effet pour obtenir toutes les autres. L'univers des couleurs ne se construit plus autour de six couleurs de base, comme c'était le cas au Moyen Âge et encore à la Renaissance, mais autour de trois. Non seulement le noir et le blanc sont définitivement sortis du monde de la couleur, mais le vert, produit du jaune et du bleu (ce qu'il n'est jamais dans les cultures anciennes), est descendu d'un cran dans la généalogie et la hiérarchie chromatiques. Ce n'est plus une couleur de base, une couleur « primaire ».

Les couleurs viennent d'entrer dans une nouvelle phase de leur histoire.

4. La couleur préférée

XVIIIe-XXe siècle

Aux XIIe et XIIIe siècles, le bleu était enfin devenu une couleur de premier plan, une belle couleur, une couleur mariale, une couleur royale, et pour toutes ces raisons un rival du rouge. Par la suite, pendant quatre ou cinq siècles, ces deux couleurs se sont partagé la prééminence sur toutes les autres et ont formé dans plusieurs domaines un couple de contraires : couleur festive/couleur morale, couleur matérielle/couleur spirituelle, couleur proche/couleur lointaine, couleur masculine/couleur féminine. Cependant, à partir du XVIIIe siècle, il en va différemment. Le recul très net des tons rouges dans le costume et dans la vie quotidienne – recul amorcé dès le XVIe siècle – laisse une large place au bleu, qui devient non seulement une des couleurs les plus présentes sur l'étoffe et le vêtement mais aussi, et surtout, la couleur préférée des populations européennes. Il l'est resté jusqu'à aujourd'hui, loin devant toutes les autres.

Sur ce terrain mouvant des préférences chromatiques, le triomphe du bleu avait été préparé depuis longtemps : promotion théologique et valorisation artistique au XIIe siècle, prouesses des teinturiers à partir du XIIIe, primauté héraldique dès le milieu du XIVe, forte dimension morale avec la Réforme protestante deux siècles plus tard. Mais c'est au XVIIIe siècle que ce triomphe est véritablement achevé : d'abord par l'usage à grande échelle d'un colorant naturel remarquable, connu depuis longtemps mais dont l'emploi n'était pas libre (l'indigo) ; puis par la découverte d'un nouveau pigment artificiel permettant l'obtention, tant en peinture qu'en teinture, de tons nouveaux (le bleu de Prusse) ; enfin par la mise en place d'une symbolique renouvelée des couleurs, accordant au bleu la première place en en faisant définitivement la couleur du progrès, des lumières, des rêves et des libertés. En ces domaines, le rôle joué par le mouvement romantique et par les révolutions américaine puis française a été essentiel.

Mais la promotion du bleu ne s'arrête pas là. En même temps qu'il devient la couleur préférée des artistes, des poètes et du commun des mortels, il retient au premier chef l'attention des savants. Loin de rester une couleur de marge, comme c'était le cas dans les systèmes antiques et médiévaux, le bleu prend maintenant place au centre des nouvelles classifications chromatiques, issues de la révolution newtonienne, de la mise en valeur du spectre et de la théorie des couleurs primaires et des couleurs complémentaires. La science, l'art et la société œuvrent donc désormais dans le même sens et font du bleu, à la place du rouge, la première des couleurs, la couleur « par excellence ». Rôle que le bleu a conservé, et même amplifié, jusqu'à l'aube du XXIe siècle.

Le bleu contre le bleu : la guerre du pastel et de l'indigo

À la fin du XVIIe siècle et tout au long du XVIIIe, la vogue de nouveaux tons de bleu dans l'étoffe et le vêtement est en grande partie due à l'emploi de l'indigo, matière colorante exotique connue depuis très longtemps mais dont les autorités de plusieurs villes ou pays freinaient l'importation et l'utilisation afin de ne pas nuire à la production indigène de guède et au riche commerce du pastel qui en découlait. C'était notamment le cas de la France et d'une partie de l'Allemagne, qui, jusqu'à une date avancée, interdirent l'emploi de l'indigo en teinturerie. Mais, au fil des décennies, l'indigo se révélant moins coûteux et plus puissamment tinctorial que le pastel, le colorant exotique supplanta le colorant indigène, puis finit par l'éliminer presque totalement.

L'indigo est tiré des feuilles d'un arbuste dont il existe de nombreuses variétés mais dont aucune ne pousse en Europe : l'indigotier. Celui des Indes et des régions tropicales du Moyen-Orient ou de l'Afrique pousse en buissons ne dépassant guère deux mètres de haut. Le principe colorant (l'indigotine), très puissant, se trouve dans les feuilles les plus hautes et les plus jeunes. Il donne aux étoffes de soie, de laine et de coton une teinte bleue, profonde et solide, sans même nécessiter de mordancer : plonger le tissu dans la cuve d'indigo puis l'exposer à l'air libre suffit le plus souvent pour lui donner sa couleur ; si celle-ci est trop claire, on répète l'opération plusieurs fois. Le seul défaut de la teinte ainsi obtenue est qu'elle est mate et qu'elle semble parfois tachetée ou chinée.

La teinture à l'indigo est connue depuis le néolithique dans les régions où pousse l'arbuste ; elle y favorise aux époques anciennes la vogue des tons bleus dans le vêtement (Soudan, Ceylan, Insulinde). De bonne heure, cependant, l'indigo devient surtout un produit d'exportation, notamment l'indigo des Indes vers le Proche-Orient et la Chine. Les peuples de la Bible s'en servent bien avant la naissance du Christ, mais c'est un produit cher ; il n'est utilisé que pour les étoffes de qualité. Plus à l'ouest, en Europe, l'emploi de ce colorant reste longtemps exceptionnel, non seulement en raison de son prix élevé (il vient de fort loin), mais aussi parce que les tons bleus y sont peu appréciés. Pour les Romains, nous l'avons dit au premier chapitre de ce livre, le bleu est la couleur des Barbares, Celtes et Germains, qui aux dires de César et de Tacite ont l'habitude de se teindre le corps de cette couleur afin d'effrayer leurs adversaires [208]. À Rome se vêtir de bleu est dévalorisant ou bien signe de deuil. C'est souvent une couleur associée à la mort et aux enfers [209].

Les Romains, toutefois, comme avant eux les Grecs, connaissent l'indigo. Ils le distinguent nettement de la guède des Celtes et des Germains [210] et savent que c'est une matière colorante efficace qui vient des Indes ; d'où son nom : *indikon* en grec, *indicum* en latin. Mais ils ignorent la nature végétale de ce produit et croient qu'il s'agit d'une pierre [211], *lapis indicus* (« la pierre indic » diton encore au XVIe siècle). Cette croyance perdurera en Occident jusqu'au XVIe siècle, jusqu'à la découverte des arbustes indigotiers du Nouveau Monde. Auparavant, l'indigo des Indes arrive en Occident sous forme de blocs très compacts, résultant du broyage des feuilles en une pâte que l'on a fait sécher. On pense donc qu'il s'agit d'un minéral ; quelques auteurs, à la suite de Dioscoride, médecin et botaniste du premier siècle de notre ère, l'assimilent même à une pierre semi-précieuse, cousine du lapis-lazuli.

Nous avons dit plus haut comment à partir du XIIIe siècle la vogue nouvelle des tons bleus fit la fortune des producteurs de guède et des marchands de pastel. Cet « or bleu » assura la prospérité non seulement de plusieurs grandes villes (Amiens, Toulouse, Erfurt) mais aussi de régions entières (Albigeois, Lauragais, Thuringe, Saxe) devenues de véritables « pays de cocagne » [212]. Des fortunes considérables se bâtirent entièrement sur la production et le commerce du pastel. Le marchand toulousain Pierre de Berny, par exemple, était devenu si riche grâce à ce commerce qu'il put, en 1525, se porter caution de l'énorme rançon demandée par Charles Quint pour libérer François Ier fait prisonnier à la bataille de Pavie [213].

Cependant cette prospérité ne dura qu'un temps. Dès la fin du Moyen Âge, elle commence à être menacée par des importations de plus en plus abondantes de la « pierre indic », l'indigo des Indes, dont les feuilles séchées et réduites en poudre arrivent en Occident sous forme de blocs compacts semblables à des pierres. Les marchands italiens s'adonnant au grand commerce avec l'Orient profitent de la mode aristocratique des draps et des vêtements bleus pour tenter d'imposer ce produit exotique en Occident, dont le pouvoir colorant est dix fois supérieur à celui de la guède et le prix, trente ou quarante fois plus élevé. On en trouve ainsi la trace à Venise dès le XIIe siècle, à Londres, Marseille, Gênes et Bruges au XIIIe. Pourtant, dans un premier temps, guédiers et pastelliers parviennent à freiner de telles importations. Ils demandent et obtiennent des autorités royales ou municipales qu'interdiction soit faite aux teinturiers d'employer l'indigo des Indes, qui risque de ruiner, en plusieurs régions, la production locale de la guède. Tout au long du XIVe siècle, statuts et règlements répètent à loisir cette interdiction de la teinture à l'indigo et menacent les contrevenants de peines extrêmement sévères [214]. Parfois, une tolérance est accordée pour la teinture de la soie dans quelques villes de Catalogne ou de Toscane, mais c'est loin d'être un cas général. Ces mesures protectionnistes n'empêchent cependant pas le prix de la guède d'aller décroissant, notamment en Italie et en Allemagne [215].

Heureusement pour les guédiers et pastelliers, l'avance turque au Proche-Orient et en Méditerranée orientale au XVe siècle gêne l'approvisionnement de l'Occident en produits importés des Indes et d'Asie. Cela donne un peu de répit aux producteurs de guède et aux marchands de pastel. Mais il est de courte durée.

Quelques décennies plus tard, en effet, les Européens trouvent dans les régions tropicales du Nouveau Monde différentes variétés d'indigotiers fournissant une matière colorante ayant des vertus supérieures à celles des indigotiers d'Asie. Dès lors la cause est entendue : malgré une sévère politique protectionniste de la part des gouvernants, malgré une diabolisation du produit exotique – tour à tour qualifié de « nocif, dolosif, faux, pernicieux, corrosif, rongeant, incertain[216] » – le pastel européen va peu à peu céder la place à l'indigo américain dans l'atelier des teinturiers. L'Espagne est la première intéressée par cette mutation, qui est pour elle source de richesses considérables. Ailleurs, on tente d'établir des barrières et de protéger la guède. En vain. L'Italie, qui de toute façon importait plus de pastel qu'elle n'en produisait, fléchit la première : dès le milieu du XVIe siècle, l'indigo des Indes occidentales est massivement importé par le port de Gênes, tandis que Venise reprend le commerce de celui des Indes orientales[217]. Puis, à la fin du siècle, c'est au tour de l'Angleterre et des Provinces-Unies : dès le milieu du XVIIe siècle les différentes compagnies de ces deux pays s'adonnent massivement au commerce de l'indigo. L'Allemagne et la France, principaux producteurs de guède, résistent plus longtemps, non sans mal.

L'indigo du Nouveau Monde (Antilles, Mexique, régions andines) est en effet le produit d'une culture de plus en plus souvent esclavagiste ; ce qui, malgré la traversée de l'océan, rend son prix de revient moins élevé que celui du pastel européen. Il devient impossible de lutter contre une telle concurrence, d'autant que le meilleur des pastels a un pouvoir colorant plus faible que le plus médiocre des indigos. En France, plusieurs édits royaux (1609, 1624, 1642) interdisent, sous peine de mort, l'emploi de l'indigo comme teinture ; on retrouve ces mêmes interdictions à Nuremberg et dans plusieurs villes allemandes tout au long du XVIIe siècle. En vain également. En 1672, Colbert doit autoriser, à titre provisoire, l'utilisation de l'indigo dans les manufactures drapières d'Abraham van Robbais à Abbeville et à Sedan. C'est le début de la fin. Malgré le renforcement artificiel d'une législation de plus en plus protectionniste, l'indigo s'infiltre partout et trois générations plus tard, en 1737, la loi doit s'incliner devant les faits : l'emploi de l'indigo est définitivement autorisé sur toute l'étendue du royaume. Ce qui enrichit les ports de Nantes, Bordeaux et Marseille, mais ruine Toulouse, capitale du pastel, et fait disparaître toute une frange de la société languedocienne qui vivait plus ou moins directement de la production de cette matière colorante : cultivateurs et ouvriers guédrons, transporteurs, contrôleurs, petits marchands. Il en va de même en Allemagne, où Erfurt, Gotha, plusieurs autres villes de Thuringe et tous les villages alentour se trouvent ruinés par l'autorisation définitive de la teinture à l'indigo, autorisation accordée à la même date que dans le royaume de France : 1737 [218]. Dès l'année suivante, la culture de la guède disparaît d'Allemagne et cède la place à l'indigo, ce produit exotique redoutablement efficace qu'en 1654 encore l'empereur Ferdinand III lui-même qualifiait de *Teufelsfarbe* (« couleur du Diable ») [219].

Dans la seconde moitié du XVIIIe siècle, la teinture à l'indigo, désormais importé d'Amérique et d'Asie, est générale dans toute l'Europe. Elle accompagne la vogue nouvelle des tissus de coton sur lesquels elle prend facilement sans avoir besoin de mordançage ; elle fournit en outre une grande variété de bleus profonds et solides, résistant efficacement aux lessives et aux effets du soleil. Si, en quelques régions, la culture de la guède ne disparaît pas totalement, c'est uniquement parce que l'arrivée d'une cargaison d'indigo reste soumise aux aléas du voyage maritime et qu'il faut pouvoir disposer d'un produit de remplacement pour combler un retard ou attendre la cargaison suivante. En France, sous le premier Empire, en raison du blocus continental imposé par les Anglais, la culture industrielle en fut même relancée pour un temps en quelques régions. Mais cela fut de courte durée, et le rêve de plusieurs savants et entrepreneurs de remplacer l'indigo par le pastel tourna court[220].

À la fin du XIXe siècle, l'emploi de colorants artificiels fait peu à peu reculer la culture et le commerce des plantes tinctoriales, notamment de l'indigo. En 1878, le chimiste allemand A. von Baeyer découvre un procédé de synthèse chimique de l'indigotine, procédé perfectionné douze ans plus tard par Heuman. La firme BASF (Badische Aniline und Soda Fabrik) exploite dès lors à très grande échelle cette indigotine artificielle, ce qui entraîne, après la Première Guerre mondiale, le déclin irrémédiable des plantations d'indigotiers aux Indes et aux Antilles.

Un pigment nouveau : le bleu de Prusse

Aux XVIIe et XVIIIe siècles, la teinture n'est pas seule à faire des progrès dans la gamme des bleus. La peinture en fait également, notamment dans celle des bleus denses et sombres, contribuant par là même à valoriser ces nuances jusque-là mal distinguées des tons noirs. Pendant longtemps, en effet, les peintres ont rencontré des difficultés pour varier les tons et les effets dans la gamme des bleus foncés. Non seulement pour fabriquer leurs couleurs, mais aussi pour les saturer, les fixer et, surtout, les utiliser en grandes surfaces. Ni le lapis-lazuli, ni l'azurite, ni le smalt, et encore moins les matières végétales (guède, tournesol, baies diverses), ne permettaient de tels exercices. Faire un bleu foncé saturé et lumineux n'était possible que sous forme d'accent ou de détail. Le recours à l'indigo aurait peut-être permis de contourner ces difficultés, mais dans de nombreux pays, nous venons de le voir, l'importation et l'utilisation de l'indigo étaient limitées et contrôlées. En outre, bien des peintres, par orgueil ou par méconnaissance, répugnaient à utiliser des produits destinés aux teinturiers[221].

Tout changea dans la première moitié du XVIIIe siècle. En 1709, en effet, fut mise au point à Berlin une couleur artificielle qui permit, dans la gamme des bleus et des verts, des prouesses dont on avait été incapables pendant des siècles : le bleu de Prusse. À dire vrai, cette couleur fut découverte par hasard. Un certain Diesbach, droguiste et fabricant de couleurs, vendait un très beau rouge qu'il obtenait en précipitant avec de la potasse une décoction de cochenille additionnée de sulfate de fer. Un jour, manquant de potasse, il s'approvisionna auprès d'un pharmacien peu honnête, Johann Konrad Dippel. Celui-ci lui vendit du carbonate de potasse frelaté, dont il s'était lui-même déjà servi pour rectifier une huile animale de son invention. Au lieu de son rouge habituel, Diesbach obtint un magnifique précipité bleu. Il ne comprit pas ce qui s'était passé mais Dippel, meilleur chimiste et homme d'affaires avisé, vit rapidement tout le bénéfice qu'il pouvait retirer de cette découverte. Il avait compris que c'était l'action de la potasse altérée sur le sulfate de fer qui avait produit cette splendide couleur bleue. Après plusieurs expériences, il améliora le procédé et commercialisa cette nouvelle couleur sous le nom de « bleu de Berlin »[222].

Pendant plus d'une décennie Dippel refusa de livrer son secret de fabrication, ce qui lui permit d'amasser une fortune considérable. Mais en 1724, le chimiste anglais Woodward perça ce secret et publia la composition de cette nouvelle couleur[223]. Le bleu de Berlin, devenu entre-temps « bleu de Prusse », put dès lors être fabriqué dans toute l'Europe. Ruiné, Dippel quitta Berlin pour la Scandinavie, où il devint médecin du roi de Suède Frédéric Ier. Plus inventif que jamais, il mit au point plusieurs médecines dangereuses qui lui valurent l'expulsion de Suède et la prison au Danemark. Il mourut en 1734, laissant le souvenir d'un chimiste habile mais peu scrupuleux, intrigant et âpre au gain. Quant à Diesbach, personnage sur lequel nous ne savons rien, pas même son nom de baptême, il disparut peu de temps après sa découverte fortuite qui transforma la palette des peintres pendant près de deux siècles.

Contrairement à une légende tenace – peut-être due à la mauvaise réputation de Dippel – le bleu de Prusse n'est pas toxique et ne se transforme pas en acide prussique. En revanche, il est peu stable à la lumière et les alcalis le détruisent (ce qui en interdit l'emploi dans certaines peintures). Mais son pouvoir colorant est très élevé et, mélangé à d'autres couleurs, il produit des tons admirables et transparents. Les arts décoratifs de la fin du XVIIIe siècle et du début du XIXe l'ont ainsi utilisé à grande échelle pour fabriquer des papiers peints verts. Plus tard, les peintres impressionnistes et tous les artistes travaillant sur le motif lui ont voué, malgré son caractère instable et envahissant, une sorte de culte.

Dès le milieu du XVIIIe siècle, savants et teinturiers cherchèrent à adapter aux techniques et aux contraintes de la teinturerie le nouveau bleu de Berlin, notamment pour obtenir des bleus et des verts plus vifs, plus brillants et moins coûteux que ceux que l'on obtenait avec l'indigo. Plusieurs sociétés et académies lancèrent des concours dans ce but, mais les résultats furent longtemps décevants, tant pour les bleus que pour les verts[224]. Ainsi le « bleu Macquer » et le « vert Köderer », à l'horizon des années 1750 ; ils étaient certes magnifiques mais se fixaient mal sur l'étoffe et ne résistaient ni à la lumière ni au savon[225]. Ou encore, sous l'Empire, le « bleu Raymond »[226], plus solide (notamment sur la soie) et commercialisé pendant quelque temps, mais éliminé, vers le milieu du XIXe siècle, par un perfectionnement de la teinture à l'indigo puis par l'apparition de nouveaux colorants de synthèse, essentiellement à base d'aniline.

Le bleu romantique : de l'habit de Werther aux rythmes du « blues »

Au XVIIIe siècle, la vogue des nouvelles nuances du bleu, tant en teinture qu'en peinture, contribue à en faire définitivement la couleur préférée, partout en Europe, mais plus spécialement encore en Allemagne, en Angleterre et en France. Dans ces trois pays, la mode vestimentaire, dès les années 1740, fait du bleu une des trois couleurs les plus portées (avec le gris et le noir), notamment à la cour et à la ville. Un fait est révélateur de cet engouement nouveau, lié en partie à la liberté enfin accordée aux teinturiers d'utiliser librement l'indigo. Jusqu'au XVIIIe siècle, il est rare que dans les couches supérieures de la société on porte des vêtements bleu ciel ou bleu clair ; ce sont là des vêtements de paysans, teints artisanalement avec une guède de médiocre qualité qui pénètre mal dans les fibres du tissu et se décolore sous l'effet conjugué des lessives et du soleil ; c'est un bleu clair, certes, mais terne et grisé[227]. Les nobles, les riches, lorsqu'ils s'habillent de bleu – et ils le font souvent depuis le XIIIe siècle – portent des bleus plus denses, plus francs, plus sombres. Or dans la première moitié du XVIIIe siècle, dans les milieux de cour, se met progressivement en place une mode nouvelle : celle des tons bleu clair, parfois très clair, d'abord pour les femmes puis pour les hommes. Après le milieu du siècle, cette mode s'étend à l'ensemble de la noblesse et aux classes aisées de la bourgeoisie. Elle s'installe durablement dans certains pays (Allemagne, Suède), où elle se prolonge jusque dans les premières années du XIXe siècle.

Cette pratique vestimentaire rompt avec les usages antérieurs. Elle est en outre relayée et confirmée, voire amplifiée, par un accroissement important du lexique des bleus dans plusieurs langues. Alors que ce lexique restait relativement pauvre dans la gamme des bleus clairs, il se diversifie considérablement vers le milieu du XVIIIe siècle, comme le montrent les dictionnaires, les encyclopédies et les manuels de teinturerie[228]. En français, par exemple, vers 1765 il existe vingt-quatre termes courants pour nommer les bleus produits par les teinturiers (il n'y en avait que treize un siècle plus tôt) : sur ces vingt-quatre termes, seize qualifient des bleus clairs[229]. Dans la langue française du XVIIIe siècle, certains mots changent même de sens, tel le mot *pers* qui en ancien et moyen français qualifiait un bleu relativement mat et sombre et qui désormais exprime une nuance plus claire et plus chatoyante, tirant sur le gris ou sur le violet[230].

La littérature de l'époque des Lumières puis du premier romantisme s'est faite l'écho de cette mode nouvelle des tons bleus. L'exemple le plus remarquable en est le célèbre habit bleu et jaune de Werther, que Goethe décrit dans son roman épistolaire *les Souffrances du jeune Werther*, publié à Leipzig en 1774 :

> « *J'ai eu bien de la peine à me résoudre à quitter le simple frac bleu que je portais lorsque je dansais pour la première fois avec Charlotte ; mais à la fin il était devenu trop usé. Je m'en suis fait faire un autre tout pareil au premier, avec un gilet et des culottes jaunes assortis comme ceux que j'avais ce jour-là*[231]. »

L'extraordinaire succès du roman et la « wertheromania » qui suivit lancèrent dans toute l'Europe la mode de l'habit bleu « à la Werther ». Jusqu'aux années 1780, de nombreux jeunes gens imitèrent la tenue du héros amoureux et désespéré et portèrent un frac ou un habit bleu, assorti à un gilet ou des culottes jaunes. On créa même une robe « à la Charlotte », blanc et bleu avec un nœud et des rubans roses[232]. L'historien dispose ici d'un remarquable exemple des allers et retours qui existent, du Moyen Âge au XXe siècle, entre la société et la littérature : Goethe dote son héros d'un habit bleu parce que le bleu est à la mode en Allemagne à l'horizon des années 1770 ; mais le succès de son livre renforce cette mode, l'étend à l'Europe entière et la fait même sortir du seul domaine vestimentaire pour l'étendre aux arts figurés (peinture, gravure, porcelaine). Preuve, une fois de plus, que l'imaginaire et la littérature font pleinement partie des réalités sociales.

Les rapports entre Goethe et la couleur bleue ne se limitent pas aux *Souffrances du jeune Werther*. Non seulement le bleu revient souvent dans ses poèmes de jeunesse – comme dans ceux de tous ses contemporains – mais aussi, et surtout, il en fait la couleur centrale de ses théories sur la couleur. Très tôt, en effet, Goethe s'était intéressé à la couleur et aux écrits que les artistes et les savants lui avaient consacrés. Mais c'est au retour de son voyage d'Italie, en 1788, qu'il décida de s'y atteler sérieusement et qu'il conçut le projet d'un traité complet de la couleur ; non pas un ouvrage d'artiste ou de poète, mais un véritable traité scientifique. À cette date, il était déjà « convaincu, comme par instinct, que la théorie de Newton était fausse ». Pour Goethe, en effet, la couleur est un phénomène vivant, humain, qui ne peut se réduire à des formules mathématiques. Il est le premier qui, contre les newtoniens, ait réintroduit l'être humain dans les problèmes de la couleur et ait osé affirmer qu'une couleur que personne ne regarde est une couleur qui n'existe pas[233].

Son traité, *Zur Farbenlehre*, fut publié à Tübingen en 1810, mais Goethe y apporta des compléments et des corrections jusqu'à sa mort, en 1832. Dans la partie didactique de son ouvrage, son chapitre le plus original est peut-être celui des couleurs « physiologiques », où l'auteur souligne avec force le caractère subjectif et culturel de la perception ; ce qui à cette date est une idée presque neuve. Ses développements sur la physique et la chimie des couleurs, en revanche, sont fragiles et pauvres par rapport aux connaissances de son temps ; ils ont beaucoup nui au succès du livre, suscitant tantôt des critiques virulentes tantôt un silence méprisant chez les philosophes et les hommes de science[234]. Attitudes parfois injustes mais dues à Goethe lui-même, qui au lieu d'exposer ses géniales intuitions de poète, devinant que la couleur a toujours une forte dimension anthropologique, a voulu faire œuvre de savant et être reconnu comme tel[235].

Cela dit, par rapport au sujet qui nous occupe, le traité

de Goethe est remarquable pour la place importante qu'il accorde au bleu, faisant de celui-ci et du jaune les deux pôles essentiels de son système. Il voit dans l'association (ou dans la fusion) de ces deux couleurs l'harmonie chromatique absolue. Toutefois, d'un point de vue symbolique, alors que le jaune constitue un pôle négatif (couleur passive, faible, froide), le bleu, toujours pris en bonne part, représente le pôle positif (couleur active, chaude, lumineuse)[236]. Ici encore Goethe est pleinement fils de son temps. Ses goûts personnels l'éloignaient du rouge et le portaient vers le bleu et le vert : bleu pour le vêtement, vert pour les tentures et le mobilier. Il ne manquait jamais une occasion de rappeler que dans la nature ces deux couleurs sont fréquemment associées et que l'homme doit toujours s'efforcer d'imiter les couleurs de la nature[237].

Cette opinion n'est guère originale ; c'est celle de toute la sensibilité romantique, qui par ailleurs accorde à la symbolique des couleurs une attention particulière. Dans les textes littéraires c'est presque une nouveauté. Certes, avant les premières générations romantiques, les notations colorées ne sont pas totalement absentes de la création littéraire, mais elles y sont relativement rares. À partir des années 1780, au contraire, elles abondent. Et parmi les couleurs mises en scène par les écrivains et les poètes, une l'emporte sur toutes les autres par l'étendue de sa gamme et l'ensemble de ses vertus : le bleu. Le romantisme voue un culte à la couleur bleue. Spécialement le romantisme allemand. Sur ce terrain, le texte emblématique, sinon fondateur, est le roman inachevé de Novalis *Heinrich von Ofterdingen*, publié à titre posthume en 1802 par Ludwig Tieck, son ami le plus proche. Ce roman conte la légende d'un trouvère du Moyen Âge parti à la recherche d'une petite fleur bleue vue en rêve, fleur qui incarne la poésie pure et la vie idéale. Le succès de cette petite fleur bleue fut considérable, bien supérieur à celui du roman. Avec l'habit bleu de Werther elle devint la figure symbolique du romantisme allemand[238].

Peut-être même du romantisme tout court, tant cette fleur et sa couleur furent imitées hors d'Allemagne par des poètes écrivant dans toutes les langues d'Europe[239]. Partout le bleu fut paré de toutes les vertus poétiques. Il devint ou redevint la couleur de l'amour, de la mélancolie et du rêve ; ce qu'il était plus ou moins dans la poésie médiévale, où le jeu de mots entre « ancolie » (fleur de couleur bleue) et « mélancolie » existait déjà[240]. En outre, le bleu des poètes rejoignait ici le bleu des expressions et proverbes qui, depuis longtemps déjà, qualifiaient de « contes bleus » les chimères ou les contes de fées, et d'« oiseau bleu » l'être idéal, rare et inaccessible[241].

Ce bleu romantique et mélancolique, celui de la poésie pure et des rêves infinis, a traversé les décennies mais s'est à la longue quelque peu dévoyé, noirci ou transformé. En Allemagne, il est encore présent dans l'expression *blau sein* qui signifie « être ivre », l'allemand ayant recours à la couleur bleue pour qualifier l'esprit embrumé et les sens anesthésiés d'une personne qui a trop bu ; alors que le français et l'italien, pour dire la même chose, ont recours au gris et au noir. De même, en Angleterre et aux États-Unis, l'expression *the blue hour* (l'heure bleue) désigne la période de sortie des bureaux en fin d'après-midi, lorsque les hommes (et parfois les femmes), au lieu de rentrer directement chez eux, vont passer une heure dans un bar pour boire de l'alcool et oublier leurs soucis. Ce lien entre l'alcool et la couleur bleue est déjà présent dans les traditions médiévales : plusieurs recueils de recettes destinés aux teinturiers expliquent que lorsque l'on teint avec de la guède (qui ordinairement ne nécessite qu'un faible mordançage), utiliser comme mordant l'urine d'un homme en état d'ivresse avancée aide à bien faire pénétrer la matière colorante dans l'étoffe[242].

Enfin, et surtout, il faut rapprocher du bleu des romantiques allemands le *blues*, forme musicale d'origine afro-américaine, probablement née dans les milieux populaires à l'horizon des années 1870 et caractérisée par un rythme lent à quatre temps, traduisant des états d'âme mélancoliques[243]. Ce mot anglo-américain, *blues*, que de nombreuses langues ont adopté tel quel, provient de la contraction du syntagme *blue devils* (démons bleus) ; ce dernier désigne la mélancolie, la nostalgie, le cafard, tout ce que le français qualifie d'une autre couleur : « idées noires ». Il fait écho à l'expression anglaise *to be blue* ou *in the blue*, qui a pour équivalents allemand *alles schwarz sehen,* italien *vedere tutto nero,* et français « broyer du noir ».

Le bleu de la France : des armoiries à la cocarde

La fin du XVIIIe siècle ne voit pas seulement, dans toute l'Europe, la naissance du bleu romantique, mélancolique ou onirique ; elle voit aussi celle du bleu national, militaire et politique. C'est en France que ce nouveau bleu est né, et c'est en France qu'il conserva pendant près de deux siècles cette triple dimension.

Le bleu est en effet devenu au fil des siècles la couleur de la France. Non seulement aujourd'hui toutes les équipes sportives qui représentent ce pays dans les compétitions internationales jouent en maillots ou vêtements bleus – notons cependant que la France sportive n'a pas le monopole de ce bleu national[244] – mais partout, et souvent bien loin des terrains de sport, la France est emblématiquement associée à cette couleur. Et cela peut-être plus encore à l'étranger qu'en France même.

Cette « France bleue » possède des racines historiques profondes. Tout d'abord le drapeau tricolore : le bleu y est perçu comme la couleur la plus importante parce que c'est celle qui est placée près de la hampe (en outre, quand le vent vient à manquer, le bleu seul est apparent). Certes, le blanc et le rouge font aussi partie des couleurs nationales, mais ce bleu du drapeau, né pendant la Révolution, semble plus représentatif de la Nation française. Il est consensuel, tandis que le blanc et le rouge évoquent aujourd'hui des opinions ou des idéologies plus radicales. En outre, le bleu du drapeau tricolore, contrairement au rouge et au blanc, paraît établir un lien avec une couleur plus ancienne : le bleu des armoiries royales, *d'azur semé de fleurs de lis d'or*, apparues au XIIe siècle – dont il a déjà été question. Il y a ainsi au fil des siècles une continuité du bleu « français » (de même qu'il y a une continuité du rouge anglais) parce que cet *azur* des armoiries royales est devenu dès le XIIIe siècle la couleur de la monarchie, puis, à la fin du Moyen Âge, celle de l'État et du gouvernement, et enfin, à l'époque moderne, celle de la Nation. Avant même la Révolution, le bleu est donc déjà pleinement la couleur de la France. Mais il s'agit davantage de celle du roi et de l'État que de celle de la Nation. C'est la Révolution qui en fait définitivement la couleur nationale. Il vaut la peine de s'attarder sur cette mutation et, pour ce faire, se pencher sur la naissance de la cocarde puis sur celle du drapeau tricolore[245].

Le mot *cocarde* est un mot quelque peu étrange. Il a d'abord désigné une coiffure ou un chapeau en forme de tête ou de crête de coq (XVIe-XVIIe siècles). Puis, par une sorte de métonymie, certains insignes et accessoires qu'au

XVIIIe siècle on avait coutume de placer sur les couvre-chefs ou sur les vêtements, voire sur certains objets. L'usage des cocardes est en effet antérieur à la Révolution. Sous le règne de Louis XV et de Louis XVI, elles sont en tissu, en feutre, en papier, en forme de cercle ou de nœud, accompagnées ou non de rubans pendants, de guirlandes, de rayons. Elles sont souvent purement décoratives mais peuvent aussi exprimer une opinion, souligner l'appartenance à un groupe ou à une institution, voire afficher la fidélité à une personne, à une famille, à une dynastie. Les militaires surtout en font grand usage : c'est pour eux le moyen de rappeler le corps, voire le régiment, dans lequel ils servent. Ces cocardes militaires plaisent beaucoup aux civils, qui les adoptent, les imitent, les transforment. Même les femmes en font usage, non pas sur leur chapeau mais sur leur robe ou sur tel ou tel accessoire vestimentaire.

À la veille de la Révolution l'usage des cocardes est donc répandu, du moins dans la bonne société et chez les militaires. C'est pourquoi elles fleurissent de plus belle sans susciter trop d'étonnement pendant les mois de juin et de juillet 1789 : elles expriment l'adhésion ou l'hostilité aux idées nouvelles, ou bien l'attachement au roi, à la reine ou aux princes, ou encore l'appartenance à tel ou tel cercle, club ou mouvement d'opinion. Certaines reprennent la couleur des livrées, des armoiries ou des emblèmes de grands personnages, de communautés ou de corps constitués. Citons quelques exemples : la couleur du roi est le blanc ; celle de la maison d'Autriche, le noir ; celle du comte d'Artois et de Necker, le vert ; celles de la milice parisienne sont le bleu et le rouge ; celles de l'ordre français de Cincinnatus (ordre réunissant les officiers français ayant combattu pour l'indépendance et la liberté des jeunes États-Unis d'Amérique), auquel appartenait La Fayette, le bleu et le blanc. La symbolique des couleurs est pleinement dans l'air du temps à la veille de la prise de la Bastille.

Le 12 juillet 1789, à la suite du renvoi de Necker, Camille Desmoulins, jeune avocat encore inconnu, prononce dans les jardins du Palais-Royal deux discours restés célèbres et ayant eu des conséquences considérables. À la fin du second discours, il invite les patriotes à prendre les armes contre le « complot aristocratique » et à se doter d'une cocarde comme signe de reconnaissance. Il demande à la foule d'en choisir la couleur. « Le vert, lui répond-on, symbole d'espérance. » Aussitôt l'orateur arrache une feuille au premier arbre venu – un tilleul – et la fixe à son chapeau. La foule fait de même. Plus tard, dans la soirée, ce sont des rubans verts qui sont cousus aux chapeaux et qui deviennent le symbole du tiers état prêt à l'insurrection. Mais le lendemain on apprend que le vert, couleur de la Liberté en marche, est aussi celle du comte d'Artois, prince détesté. Déconvenues, hésitations, reculades, maintiens ou changements de cette couleur : le 14 juillet, la Bastille est prise par des insurgés dont beaucoup ne portent pas de cocardes et dont ceux qui en portent les affichent de couleurs différentes : vertes, bleues, rouges, bleu et rouge, bleu et blanc.

Malgré ce que l'on a parfois affirmé, le 14 juillet 1789 la cocarde tricolore n'existe donc pas encore. Elle fut créée dans les jours qui suivirent – peut-être le lendemain – dans des circonstances qui restent mal élucidées, en dépit (ou à cause) des témoignages, nombreux et contradictoires, des contemporains. Dans ses mémoires, La Fayette affirme que c'est lui qui eut l'idée, le 17 juillet, à l'hôtel de ville, de faire fusionner en une seule formule tricolore la cocarde blanche du roi et les couleurs bleue et rouge de la garde nationale, instituée quatre jours plus tôt pour maintenir l'ordre à Paris. Mais son témoignage est sujet à caution[246]. Bailly, maire de Paris, s'était du reste déjà attribué la même paternité[247]. D'autres témoins de cette journée du 17 juillet 1789 affirmèrent que ce fut le roi lui-même qui, dans un geste de conciliation, plaça les rubans bleus et rouges qu'on lui avait remis à l'hôtel de ville, sur la cocarde blanche qu'il portait déjà. Cependant, il est peu probable que le 17 juillet, Louis XVI soit venu à l'hôtel de ville en arborant une cocarde blanche, symbole de son pouvoir militaire et marque du commandement dans l'armée royale. Cela aurait été une provocation[248]. En revanche, il est indéniable que c'est dans la semaine qui a suivi la prise de la Bastille que les premières cocardes tricolores firent leur apparition. L'ordre des couleurs resta longtemps indéterminé, même si le bon usage voulait que l'on plaçât le blanc au centre.

Quant à la signification de ces couleurs, elle a fait couler beaucoup d'encre. S'il est vrai qu'au début de l'été 1789 le blanc est bien la couleur du roi, de son drapeau et de sa cocarde, le bleu et le rouge associés ne sont que timidement celles de la ville de Paris. Le rouge et le tanné (brun-rouge foncé) sont bien plus souvent utilisés pour signifier la Ville et ses dignitaires que le rouge et le bleu.

En revanche, si la cocarde tricolore n'existe pas avant le 15 ou le 17 juillet 1789, l'union tricolore du rouge, du bleu et du blanc constitue, sur de nombreux supports, notamment textiles, une combinaison de couleurs à la mode depuis au moins une décennie. Ce sont en effet les couleurs de la Révolution américaine et du drapeau des jeunes États-Unis d'Amérique, aux côtés desquels la France s'est battue pour la liberté. Dès la fin des années 1770, en France et dans d'autres pays du vieux continent, tous ceux qui adhèrent de près ou de loin au mouvement des libertés aiment à s'afficher en tricolore.

La mode vestimentaire fait un grand usage de ces trois couleurs, y compris à la cour[249].

Une fois mis en valeur ce rôle indéniable de la Révolution américaine dans la vogue des étoffes tricolores, il reste à comprendre pourquoi, dès les années 1774-1775, les insurgés des colonies d'Amérique se sont dotés d'un drapeau bleu, blanc et rouge, c'est-à-dire d'un drapeau présentant les mêmes couleurs (combinées différemment) que celui de la couronne britannique, contre laquelle ils luttaient pour obtenir leur indépendance. En fait, il s'agit probablement d'un « contre-drapeau » : mêmes couleurs que le drapeau ennemi des Britanniques, mais figures différentes et significations autres. Dès lors, on se prend à rêver et à se dire que si le drapeau du Royaume-Uni n'avait pas été bleu, blanc et rouge, celui de la Révolution américaine ne l'aurait pas été non plus, et ni la Révolution française, ni la France impériale puis républicaine n'en aurait fait usage. Or le drapeau britannique, le célèbre *Union Jack*, était bleu, blanc et rouge depuis le début du XVIIe siècle ; très exactement depuis qu'en 1603 Jacques VI Stuart, roi d'Écosse, était devenu aussi roi d'Angleterre, réalisant l'union personnelle des deux royaumes. Ce faisant, il fit fusionner en une seule formule vexillaire tricolore la bannière d'Écosse blanc et bleu et la bannière d'Angleterre blanc et rouge. Si donc ce même Jacques Stuart n'était pas monté sur le trône d'Angleterre au début du XVIIe siècle, le drapeau français, né deux siècles plus tard, ne serait peut-être pas bleu, blanc et rouge…[250].

Le bleu de la France : de la cocarde au drapeau

Revenons aux lendemains de la prise de la Bastille et à l'été 1789 pendant lequel le succès de la cocarde tricolore, symbole d'un patriotisme enthousiaste, est foudroyant. On la voit partout, et ses trois couleurs s'étendent aux écharpes, aux ceintures, aux cravates, aux vêtements, aux insignes et aux drapeaux portés par les patriotes. Le 10 juin 1790, l'Assemblée constituante déclare la cocarde tricolore « nationale », et quelques semaines plus tard, le jour de la fête de la Fédération, le Champ-de-Mars est entièrement pavoisé de bleu, de blanc et de rouge. Ce sont désormais « les trois couleurs de la Nation ».

Mais cette cocarde prend au fil des mois une signification de plus en plus politique. D'autant que les contre-révolutionnaires lui opposent désormais la cocarde royale blanche, qu'ils vont installer jusqu'au sommet des arbres de la Liberté. Le 8 juillet 1792, l'Assemblée législative décrète que le port de la cocarde tricolore est obligatoire pour tous les hommes. La Convention prend la même décision pour les femmes le 21 septembre 1793. Etre pris sans cocarde vaut, dans le meilleur des cas, huit jours de prison, et dans le pire... Quiconque est surpris en train d'arracher une cocarde est immédiatement passé par les armes. Toutefois cela ne dure pas. Après la chute de Robespierre et surtout à partir du Directoire, on peut de nouveau s'afficher sans cocarde (sauf pour entrer au spectacle). Sous le Consulat, seuls les militaires continuent de la porter.

Entre 1790 et 1812, les trois couleurs nationales, nées avec la cocarde au lendemain de la prise de la Bastille, vont progressivement prendre place sur les pavillons et les drapeaux officiels. Cela se fait lentement, et souvent avec beaucoup d'hésitations, d'incompréhensions ou de confusions. Le sort des pavillons de marine est réglé en premier. Dès l'automne 1790, l'Assemblée constituante décide que les vaisseaux de guerre et les bâtiments de commerce arboreront désormais un pavillon à trois bandes verticales, une rouge, une blanche et une bleue, la rouge étant située près de la hampe et la bande centrale blanche étant un peu plus large que les deux autres[251]. Cette division en trois bandes a été faite dans l'axe vertical afin que ce nouveau pavillon national ne soit pas confondu avec celui des Provinces Unies. Depuis le XVIIe siècle, en effet, sur toutes les mers, le pavillon néerlandais est tricolore, et les trois bandes bleue, blanche et rouge sont horizontales, c'est-à-dire parallèles au grand côté du rectangle. C'est donc pour éviter une confusion (qui au départ a bien failli être faite) que l'on a abouti à la formule tronquée en hauteur qui restera celle du drapeau français[252]. Notons au passage qu'au XVIIIe siècle de nombreux vaisseaux arborent des pavillons tricolores bleu, blanc, rouge (avec des figures géométriques variées) et que sur les drapeaux des différents pays chrétiens le bleu est de loin la couleur la plus fréquente.

Trois ans et demi plus tard, le 15 février 1794 (27 pluviôse an II), la Convention nationale prend une décision importante quant à la mise en place définitive du drapeau français. Elle décrète que pour « tous les vaisseaux de la République » le pavillon sera désormais le même : trois bandes verticales de même largeur (ce qui n'était pas le cas en 1790) aux couleurs nationales, le bleu près de la hampe (au lieu du rouge précédemment). Les nuances des couleurs de ce nouveau pavillon ne sont nullement précisées (et ne le seront jamais). Ce sont des couleurs abstraites, intellectuelles, héraldisées, comme c'est du reste le cas pour la plupart des autres drapeaux nationaux (il existe toutefois des exceptions). Le bleu peut être clair ou foncé, le rouge peut être plus ou moins rose ou orangé, cela n'a aucune importance ni aucune signification ; cela donne en outre aux peintres qui ont aimé mettre en scène le drapeau français – ils furent nombreux – de grandes libertés chromatiques. Au reste, lorsqu'il flotte à l'extérieur et qu'il reste soumis aux intempéries, ce drapeau tricolore présente des couleurs diverses et changeantes.

C'est donc ce nouveau pavillon qui devient progressivement le drapeau français[253]. Sous l'Empire, il flotte au palais des Tuileries et sur plusieurs bâtiments officiels ; et, en 1812, il remplace les anciens drapeaux à losange et triangles des régiments de l'armée de terre. Une tradition veut que le projet initial de ce nouveau pavillon national soit dû au peintre Louis David, mais aucun dessin ni document d'archives ne vient confirmer cette hypothèse. En outre, par rapport au pavillon de 1790 – pour la création duquel David n'avait joué aucun rôle – celui de 1794 n'introduit que de faibles modifications. Toutefois ce sont les dernières.

Sous les deux restaurations, la cocarde et le drapeau blancs font leur réapparition et sont seuls autorisés. Le drapeau tricolore, délaissé pendant quinze ans (1814/1815-1830), revient sur le devant de la scène avec les événements de 1830. Il flotte sur les barricades lors des journées insurrectionnelles des 27, 28 et 29 juillet, et contribue à la victoire des émeutiers parisiens. Si bien que le 1er août suivant, Louis Philippe d'Orléans, qui n'est encore que lieutenant général du royaume et qui la veille a symboliquement reçu du vieux La Fayette un drapeau tricolore, ordonne que la France reprenne « ses couleurs nationales ». Le drapeau tricolore redevient le drapeau officiel de l'État. Il l'est resté sans interruption jusqu'à aujourd'hui malgré deux menaces : celle du drapeau rouge en 1848[254], celle du drapeau blanc en 1873[255].

Le drapeau rouge

Le drapeau rouge n'a jamais été un emblème de la France, mais il faillit bien le devenir au moins à deux reprises : d'une part, et surtout, lors de la célèbre journée insurrectionnelle du 25 février 1848, au cours de laquelle Lamartine « sauva » de justesse le drapeau tricolore ; de l'autre, au printemps 1871, pendant la Commune de Paris. Sous l'Ancien Régime, le drapeau rouge n'est en rien un emblème insurrectionnel ou transgressif. C'est au contraire un signal préventif et un symbole d'ordre. On sort en effet le drapeau rouge – ou un grand morceau d'étoffe de cette couleur – pour prévenir les populations d'un danger qui menace et, en cas de rassemblement, inviter la foule à se disperser. Progressivement, ce drapeau est associé aux différentes lois contre les attroupements, parfois même à la loi martiale. Ainsi, dès le mois d'octobre 1789, l'Assemblée constituante décrète qu'en cas de troubles les officiers municipaux doivent signaler l'intervention de la force publique « en exposant à la principale fenêtre de la maison-de-ville et en portant dans toutes les rues et carrefours un drapeau rouge » ; lorsque celui-ci est sorti, « tous les attroupements deviennent criminels et doivent être dissipés par la force ». Ce drapeau apparaît déjà comme plus menaçant. Son histoire bascule lors de la journée révolutionnaire du 17 juillet 1791. Le roi, qui avait tenté de fuir vers l'étranger, vient d'être arrêté à Varennes et reconduit à Paris. Sur le Champ-de-Mars, près de l'autel de la patrie, une « pétition républicaine » est déposée pour demander sa destitution. De nombreux Parisiens viennent la signer. La foule est agitée, le rassemblement semble tourner à l'émeute, l'ordre public est menacé. Le maire de Paris, Bailly, fait hisser à la hâte le drapeau rouge. Mais avant que la foule n'ait eu le temps de se disperser, les gardes nationaux tirent, sans sommation. Il y a une cinquantaine de morts, qui deviennent aussitôt des martyrs de la Révolution. Le drapeau rouge « teint de leur sang » devient, par une sorte de dérision ou d'inversion des valeurs, celui du peuple opprimé, révolté, prêt à se dresser contre toutes les tyrannies. Désormais, il remplit ce rôle pendant toute la Révolution, lors d'émeutes ou d'insurrections populaires. Il fait couple avec le bonnet rouge, celui des sans-culottes et des patriotes les plus extrémistes. Peu à peu, il devient l'emblème de ce que l'on nommera plus tard « les socialistes », et plus tard encore « l'ultra-gauche ». Discret sous l'Empire, le drapeau rouge réapparaît au premier plan sous la Restauration, notamment en 1818 et en 1830, puis sous la monarchie de Juillet. Il est présent sur les barricades de 1832 (dans *les Misérables*, Victor Hugo lui consacre des pages enflammées) puis sur celles de 1848. Le 24 février de cette année, il est brandi par les insurgés parisiens qui proclament la République. Le 25, il les accompagne à l'Hôtel de Ville où s'est réuni le gouvernement provisoire. L'un des insurgés, parlant au nom de la foule, demande l'adoption officielle du drapeau rouge, « symbole de la misère du peuple et signe de rupture avec le passé ». La révolution ne doit pas être escamotée comme en 1830. En ces moments tendus s'affrontent deux conceptions de la République : l'une rouge, jacobine, rêvant d'un ordre social nouveau ; l'autre tricolore, plus modérée, souhaitant des réformes mais nullement un bouleversement de la société. C'est alors que Lamartine, membre du gouvernement provisoire et ministre des Affaires étrangères, prononce deux discours restés célèbres et retourne l'opinion en faveur du drapeau tricolore : « Le drapeau rouge est (...) un pavillon de terreur (...), qui n'a jamais fait que le tour du Champ-de-Mars, tandis que le drapeau tricolore a fait le tour du monde, avec le nom, la gloire et la liberté de la patrie (...). C'est le drapeau de la France, c'est le drapeau de nos armées victorieuses, c'est le drapeau de nos triomphes qu'il faut relever devant l'Europe. » Même s'il a plus ou moins embelli ses paroles en rédigeant ses *Mémoires*, Lamartine a ce jour-là sauvé le drapeau tricolore. Vingt-trois ans plus tard, le drapeau rouge envahit de nouveau les rues de Paris et est hissé par la Commune au fronton de l'Hôtel de Ville. Mais Paris, rouge et insurgé, est vaincu par les troupes tricolores de Versailles, de Thiers et de l'Assemblée. Le drapeau tricolore devient définitivement un drapeau d'ordre et de légitimité ; le drapeau rouge, celui du peuple vaincu, des partis socialistes et révolutionnaires puis, quelques décennies plus tard, celui des partis et régimes communistes. Depuis longtemps déjà, son histoire n'est plus nationale mais internationale.

Le drapeau blanc

À la fin du Moyen Âge, le blanc est déjà en France une couleur royale. Certes, il ne prend pas place dans les armoiries du roi, *d'azur à trois fleurs de lis d'or*, ni sur les vêtements de son sacre, mais il joue néanmoins un rôle important dans la mise en scène de la majesté monarchique, comme le montrent les quelques circonstances solennelles où le roi paraît vêtu de blanc (chapitres de l'Ordre de saint Michel, par exemple). En outre, des armoiries à enquerre *d'argent semé de fleurs de lis d'or*, dans lesquelles le blanc constitue la couleur du champ, sont parfois attribuées au royaume de France ou à la France personnifiée par une allégorie féminine. Sous l'Ancien Régime, le blanc monarchique devient aussi et surtout la couleur du pouvoir régalien militaire. C'est la couleur du roi aux armées et celle des chefs militaires qui exercent le commandement en son nom (la France n'a du reste pas le monopole de cet usage). Ces chefs portent écharpe et panache blancs, et certains d'entre eux sont accompagnés d'une *cornette* de même couleur. Il s'agit d'un étendard en pointe, propre aux compagnies de cavalerie ; elle est souvent blanche à fleurs de lis d'or pour la première compagnie de chaque régiment et fait écho à la cornette royale, entièrement blanche, qui se trouve dans le corps où combat le roi. Cette cornette royale est portée par le porte-cornette de France. Pendant les guerres de religion, à la bataille d'Ivry, en 1590, Henri IV, qui n'a pas encore été sacré mais qui pour une bonne partie du royaume est déjà le roi légitime de la France, voit son porte-cornette blessé et évacué du champ de bataille. En montrant le panache blanc de son casque, il passe pour avoir prononcé la phrase célèbre (mais peut-être apocryphe) : « Si la cornette vous manque, voici mon signe de ralliement. » Au moment où éclate la Révolution, le blanc est donc une couleur royale (parmi d'autres) et une marque de commandement. C'est entre 1789 et 1792 que cette couleur devient progressivement celle de la Contre-Révolution. Le point de départ en est peut-être un banquet qui eut lieu à Versailles, le 1er octobre 1789. Ce jour-là les gardes du corps du roi festoyèrent et, dit-on, foulèrent aux pieds la cocarde tricolore, fort populaire depuis les événements de juillet. À la place, ils arborèrent des cocardes blanches dont plusieurs dames de la cour firent la distribution. L'événement fit grand bruit et fut une des causes des journées des 5 et 6 octobre 1789, au cours desquelles une foule de Parisiens marcha sur Versailles, assiégea le château et ramena le roi et la reine à Paris. Dès lors, les contre-révolutionnaires s'efforcent de remplacer partout la cocarde tricolore – décrétée « nationale » par l'Assemblée constituante le 10 juillet 1790 – par la cocarde blanche. Après la chute de la monarchie, cette guerre des cocardes se double d'une guerre des drapeaux de plus en plus sanglante. Dans la France de l'Ouest, les armées « catholiques et royales » combattent avec cocardes et drapeaux blancs. Sur ces derniers sont parfois ajoutées des fleurs de lis d'or ou bien l'image du Sacré Cœur de Jésus, pour lequel Louis XVI, prisonnier au Temple, avait eu une dévotion particulière. Dans les différentes armées des émigrés, il est également fait usage de cocardes et de drapeaux blancs, voire, pour les officiers, d'un brassard blanc. Le blanc est pleinement devenu la couleur de la Contre-Révolution : il s'oppose à la fois au bleu des soldats de la République et au tricolore de la cocarde et du drapeau national. Le drapeau blanc fait son retour en France avec la restauration du roi Bourbon en 1814/1815. Sa substitution au drapeau tricolore ne se fait pas sans tiraillement ni incident. Bien des officiers, des soldats, des fonctionnaires, des villes et des corps constitués ayant reconnu Louis XVIII auraient souhaité le maintien du drapeau tricolore, à côté du drapeau blanc. Les Bourbons ne le veulent pas, ce qui est probablement une erreur. En outre, ils dénaturent quelque peu le drapeau blanc de la France d'Ancien Régime. Celui-ci était entièrement blanc. Or, sous la Restauration, puis chez les légitimistes dans les décennies qui suivent la Révolution de 1830, il se couvre de fleurs de lis d'or ou d'armoiries royales ; ce qui est contraire aux anciens usages et affaiblit quelque peu la force symbolique de l'étoffe blanche unie. Il est vrai que depuis le XVIIIe siècle, dans un contexte de guerre, le drapeau blanc uni est devenu aussi, pour toutes les armées d'Europe, un signe de reddition… Après les journées de juillet 1830 et la montée sur le trône de Louis-Philippe, le drapeau tricolore redevient – définitivement – le drapeau de la France. Le drapeau blanc repart donc en exil, et pour longtemps, sa réapparition sur le sol de France en 1832, pendant la folle aventure de la duchesse de Berry dans le Midi et dans l'Ouest, étant de courte durée. Quelques décennies plus tard, en 1871-1873, le refus obstiné du drapeau tricolore par le comte de Chambord empêche le retour de la France à la monarchie. Pour ce petit-fils de Charles X, le seul drapeau légitime est le drapeau blanc, dans les plis duquel il souhaite « apporter à la France l'ordre et la liberté ». Selon lui, Henri V (son nom de roi potentiel) ne peut « abandonner le drapeau blanc d'Henri IV ». De fait s'opposaient alors deux conceptions différentes de l'avenir de la France, symbolisées par deux drapeaux qui s'étaient longuement combattus. Le drapeau blanc représentait la monarchie de droit divin ; le drapeau tricolore, la souveraineté populaire. En 1875, la République fut confirmée (à une voix de majorité), le comte de Chambord demeura en exil et le drapeau blanc resta celui des seuls monarchistes légitimistes.

Naissance du bleu politique et militaire

La Révolution française n'a pas seulement créé le drapeau tricolore, elle a aussi fait du bleu, pour un temps, la couleur des soldats combattant pour la République puis pour la France. Ce faisant, elle a contribué à la naissance du bleu « politique », couleur des défenseurs de la République, puis des républicains modérés, plus tard des libéraux ou même des conservateurs.

Sous l'Ancien Régime, la tenue des soldats français variait grandement d'un régiment à l'autre et, même si le blanc était la couleur dominante, l'impression d'ensemble était fortement bigarrée. Il en allait du reste de même de la plupart des armées étrangères (sauf des soldats prussiens, vêtus de bleu foncé depuis la fin du

XVIIe siècle, et des soldats anglais habillés de rouge depuis les années 1720). Toutefois, en France, à la veille de la Révolution, les soldats des Gardes françaises, régiment d'élite institué en 1564 et relevant de la maison du roi, étaient vêtus de bleu. Ce furent eux qui, au mois de juillet 1789, fraternisèrent avec le peuple et, changeant de camp, participèrent à la prise de la Bastille. Beaucoup s'engagèrent ensuite dans les compagnies soldées de la Garde nationale parisienne et y apportèrent leur uniforme bleu. L'année suivante, ce bleu de la milice parisienne fut adopté par les milices instaurées dans les principales villes de province et, au mois de juin, il fut déclaré « bleu national ». Dès lors, le bleu commença à devenir, à côté du tricolore, la couleur emblématique de tous ceux qui adhéraient aux idées de la Révolution en marche. Il s'opposait au blanc (couleur du roi) et au noir (couleur du clergé et de la maison d'Autriche) arborés par les contre-révolutionnaires. Lorsque la République fut proclamée, à l'automne 1792, le bleu devint tout naturellement, sur les uniformes, la couleur de ses soldats : plusieurs décrets de la fin de l'année 1792 et du début de l'année 1793 le rendirent obligatoire, d'abord pour les demi-brigades d'infanterie, puis pour toutes les armées régulières, enfin pour les armées révolutionnaires, levées épisodiquement en 1793 et 1794.

C'est surtout pendant les guerres de Vendée que ce bleu militaire et républicain devint définitivement une couleur politique. Opposé au blanc de l'armée catholique et royale, le bleu des soldats de la République prit une dimension idéologique ; dès lors, se mit en place un couple de couleurs – le bleu contre le blanc – qui traversa toute la vie politique française du XIXe siècle. Cependant, au fil des décennies, si le blanc demeura bien la couleur des partisans de la monarchie, le bleu des républicains fut progressivement débordé sur sa gauche par le rouge des socialistes et des extrémistes. À partir de la Révolution de 1848, le bleu perdit même toute dimension révolutionnaire et devint la couleur des républicains modérés puis des centristes et enfin, sous la IIIe république, après l'abandon de toute idée de retour du roi, celle de la droite républicaine. Il était désormais beaucoup plus proche du blanc que du rouge[256].

Cet exemple français de l'usage politique de la couleur bleue fut peu à peu imité dans plusieurs autres pays d'Europe où, mises à part quelques exceptions (l'Espagne notamment), le bleu évolua semblablement du XIXe au XXe siècle : ce fut d'abord la couleur des partis républicains de progrès, puis celle des centristes ou des modérés, enfin celle des conservateurs. Sur sa gauche lui furent opposés le rose socialiste et le rouge communiste ; sur sa droite, le noir, le brun ou le blanc des partis cléricaux, fascistes ou monarchistes. À ces différentes couleurs, ayant des racines plus ou moins lointaines, est venu récemment s'ajouter le vert, emblème des écologistes[257]

Dans la naissance des couleurs politiques modernes le rôle de la Révolution française a donc été essentiel[258]. Son œuvre en matière d'uniformes fut de plus courte durée. À la fin du XVIIIe siècle, vêtir tous les soldats français de bleu posait en effet de difficiles problèmes d'approvisionnement en teinture à l'indigo. Celui-ci arrivait des Indes ou du Nouveau Monde par voie de mer et, malgré ses colonies d'Amérique, la France restait pour son approvisionnement fortement tributaire de l'étranger, notamment de l'Angleterre. À partir de 1806, l'instauration du blocus continental rendit impossible l'arrivée du produit tinctorial américain, nécessaire pour teindre en bleu les uniformes des soldats français. Napoléon demanda à ce qu'on relance la culture de la guède et l'industrie du pastel; mais pour ce faire il fallait du temps[259]. Il demanda également aux chimistes et aux savants d'inventer des procédés nouveaux pour teindre à partir du bleu de Prusse. Malgré l'invention ingénieuse du chimiste Raymond, les résultats furent décevants. Jusqu'à la fin de l'Empire et encore au début de la Restauration, les troupes françaises eurent du mal à se vêtir uniformément de bleu. Par la suite, la paix revenue, la France fut de nouveau dépendante de l'Angleterre (qui avait mis en place d'immenses plantations d'indigotiers au Bengale) pour s'approvisionner en indigo.

C'est pourquoi, au mois de juillet 1829, le roi Charles X ordonna que, pour les soldats d'infanterie, le pantalon de drap bleu soit remplacé par un pantalon de drap rouge, teint avec de la garance dont la culture, relancée au milieu du XVIIIe siècle par les physiocrates, fut modernisée et intensifiée en plusieurs régions (Provence, Alsace). Par la suite, entre 1829 et 1859, cet usage du pantalon rouge fut progressivement étendu à tous les corps de l'armée; ceux-ci le portèrent, associé à une capote bleu foncé, jusqu'en 1915. Très voyant, ce pantalon garance fut peut-être responsable des pertes considérables que subirent les armées françaises au début de la Première Guerre mondiale. Depuis plusieurs décennies déjà, les armées des pays voisins avaient délaissé les couleurs vives pour des couleurs qui se fondaient plus efficacement dans le paysage: le kaki pour les soldats britanniques (couleur portée par l'armée des Indes dès le milieu du XIXe siècle), le gris-vert pour les soldats allemands, italiens et russes, le gris-bleu pour les soldats austro-hongrois. La nécessité d'une tenue de campagne mieux adaptée à la guerre moderne n'avait certes pas échappé à certains généraux français; mais bien des voix s'opposaient à l'abandon du pantalon garance. Ainsi, en 1911 encore, celle de l'ancien ministre de la Guerre, Étienne : « Faire disparaître tout ce qui est couleur, tout ce qui donne au soldat son aspect gai, entraînant, rechercher des nuances ternes et effacées, c'est aller à la fois contre le goût français et contre les exigences de la fonction militaire. Le pantalon rouge a quelque chose de national (...). Le pantalon rouge, c'est la France[260]. »

Au mois d'août 1914, les soldats français partirent donc au combat avec leur pantalon rouge garance, et il est probable que cette couleur trop vive coûta la vie à plusieurs dizaines de milliers d'hommes. Dès le mois de décembre, il fut décidé de remplacer le rouge par le bleu, un bleu terne, grisé, discret. Mais trouver les quantités d'indigo synthétique nécessaires pour teindre en bleu le drap des pantalons de tous les soldats fut une opération longue et complexe. Ce n'est qu'au printemps 1915 que toutes les troupes françaises furent vêtues de ce nouveau bleu, désormais qualifié de « bleu horizon » par référence à la couleur indéfinissable de la ligne qui, à l'horizon, semble séparer le ciel de la terre (ou de la mer). Ce nouveau bleu possédait lui aussi un caractère national et semblait faire écho à la fameuse « ligne bleue des Vosges » chère à Jules Ferry[261] ; ligne symbolique qui invitait les nationalistes français à garder les yeux fixés sur la crête des montagnes vosgiennes en fraternité de cœur avec les populations d'Alsace vivant depuis 1871 de l'autre côté, sous domination allemande.

Après la guerre, l'expression « bleu horizon » quitta les champs de bataille pour entrer dans l'arène politique. Aux élections de 1919, en effet, la nouvelle Chambre accueillit de nombreux députés qui l'année précédente portaient encore l'uniforme bleu horizon des soldats français. Par humour ou par dérision, quelques journalistes la qualifièrent de « Chambre bleu horizon ». C'était une assemblée où les députés du centre et de droite, liés en un bloc national violemment anti-bolchevique, étaient nettement majoritaires. Ils siégèrent jusqu'en 1924 et contribuèrent à associer plus fortement qu'auparavant la couleur bleue et la droite républicaine, ennemie des « rouges ». L'uniforme des soldats de l'an II, vêtus du bleu de la Révolution en marche, était désormais bien loin.

La couleur la plus portée : des uniformes au jean

Dans la seconde moitié du XVIIIe siècle, en France et dans la plupart des pays voisins, le bleu était devenu, à côté du noir et du gris, une des trois couleurs vestimentaires les plus portées. Et ce, aussi bien parmi les classes aisées que parmi les classes plus modestes. Les paysans, notamment, affichaient un goût vestimentaire pour tous les tons de bleu, goût souvent nouveau (en Angleterre, en Allemagne, en Italie du Nord) qui tranchait avec la vogue des noirs, des gris et des bruns des siècles précédents ; goût qui faisait également écho, à cinq ou six siècles de distance, au bleu terne et grisé dont s'habillaient les populations rurales à l'époque féodale.

Cette montée des tons bleus au siècle des Lumières s'essouffla cependant quelque peu après la tourmente révolutionnaire, puis elle déclina au XIXe siècle. En ville comme à la campagne, le noir redevint la couleur dominante, tant pour les hommes que pour les femmes. Le XIXe siècle, comme le XVe et le XVIIe, fut un grand siècle du noir. Mais cela ne dura que quelques décennies. Dès avant la Première Guerre mondiale, au grand scandale de certains puritains, la palette vestimentaire des populations européennes commença à se diversifier, y compris pour les vêtements de tous les jours ; et, parmi les couleurs nouvelles ou renouvelées, le bleu – toutes nuances confondues – prit ou reprit peu à peu la première place.

Le phénomène s'accentua encore à partir des années 1920, notamment en ville, avec la mode nouvelle et triomphante des tissus bleu marine. En trois ou quatre décennies, en effet, de nombreux vêtements masculins qui, pour des raisons diverses, étaient noirs, devinrent bleu marine. À commencer par les uniformes. Entre le début et le milieu du XXe siècle, selon des modalités et des rythmes qui varièrent d'un pays à l'autre, passèrent tour à tour du noir au bleu marine : les marins, les gardes et les gendarmes, les policiers, certains militaires, les pompiers, les douaniers, les facteurs, les sportifs et même, à des dates plus récentes, quelques ecclésiastiques. Certes, les uniformes de tous ces corps institutionnels et sociaux ne devinrent pas tous ni partout systématiquement bleu marine ; il y eut de nombreuses exceptions ; mais partout le bleu marine devint progressivement, entre 1910 et 1950, à la place du noir, la couleur dominante de tous ceux qui en Europe et aux Etats-Unis portaient, à un titre ou à un autre, un uniforme. Et bientôt les « civils » les imitèrent : dès les années 1930, d'abord dans les pays anglo-saxons puis dans une large partie de l'Europe, beaucoup d'hommes abandonnèrent leurs costumes, vestes ou pantalons noirs pour adopter une tenue bleu marine. Le blazer[262] fut et reste le signe le plus patent de cette révolution qui, à coup sûr, demeurera comme un des grands événements vestimentaires du XXe siècle : la transformation du noir en bleu marine.

Entre les deux guerres mondiales, le bleu a donc conquis ou reconquis sa place de couleur la plus portée en Europe et aux États-Unis. Depuis cette date, cette primauté sur les autres couleurs n'a cessé de s'accentuer. Uniformes, costumes sombres, chemises bleu ciel, blazers, pull-overs, tenues de bains et de sport ont pleinement contribué à ce triomphe de tous les tons bleus dans toutes les classes et catégories sociales. Mais il est un autre vêtement qui, à lui tout seul, a joué un rôle au moins aussi important, notamment depuis les années 1950 : le jean. Si depuis deux, trois, voire quatre générations le bleu l'emporte de très loin sur toutes les autres couleurs dans le vêtement occidental, c'est en partie au jean qu'il le doit. Il vaut la peine de s'attarder ici sur l'histoire de ce vêtement à nul autre pareil.

Comme celles de tout objet à fort pouvoir mythologique, les origines historiques du jean restent entourées d'un certain mystère. À cela différentes raisons dont la principale tient sans doute à l'incendie qui, en 1906, lors du grand tremblement de terre de San Francisco, a détruit les archives de la firme Levi Strauss, créatrice du célèbre pantalon un demi-siècle plus tôt[263]. C'est en effet au printemps 1853 que le jeune Levi Strauss (curieusement son prénom véritable demeure incertain), petit colporteur juif de New York, originaire de Bavière et âgé de vingt-quatre ans, arrive à San Francisco, où depuis 1849 la fièvre de l'or découvert dans la Sierra Nevada provoque un accroissement de population considérable. Il apporte avec lui une grande quantité de toile de tente et des bâches pour chariots avec l'espoir de gagner convenablement sa vie. Mais les ventes se révèlent médiocres. Un pionnier lui explique que dans cette partie de la Californie on n'a pas tant besoin de toile de tente que de pantalons solides et fonctionnels. Le jeune Levi Strauss a alors l'idée de faire tailler des pantalons dans sa toile de tente. Le succès est immédiat, et le petit colporteur de New York devient confectionneur de prêt-à-porter et industriel du textile. Il fonde avec son beau-frère une société qui ne cesse de croître au fil des années. Bien que celle-ci diversifie sa production, ce sont les salopettes *(overalls)* et les pantalons qui se vendent le mieux. Ceux-ci ne sont pas encore bleus mais de différents tons s'inscrivant entre le blanc cassé et le brun foncé. Mais la toile de tente, si elle est très solide, constitue un tissu vraiment lourd, rêche et difficile à travailler. Entre 1860 et 1865, Levi Strauss a donc l'idée de la remplacer progressivement par du *denim*, tissu de serge importé d'Europe et teint à l'indigo. Le jean bleu est né[264].

L'origine de ce terme anglais *denim* est controversée. Il est possible qu'il s'agisse au départ d'une contraction de l'expression française « serge de Nîmes », étoffe faite de laine et de déchets de soie fabriquée dans la région de Nîmes depuis au moins le XVIIe siècle. Mais ce terme désigne aussi, à partir de la fin du siècle suivant, un tissu associant le lin et le coton, produit dans tout le Bas-Languedoc et exporté vers l'Angleterre. En outre, un beau drap de laine, produit sur les bords de la Méditerranée entre la Provence et le Roussillon, porte le nom occitan de *nim*. Il est peut-être lui aussi à l'origine du mot *denim*. Tout cela reste incertain, le chauvinisme régional des auteurs ayant écrit sur ces questions ne facilitant pas la tâche des historiens du vêtement[265].

Quoi qu'il en soit, au début du XIXe siècle, c'est un tissu de coton très solide, teint à l'indigo, qui porte en Angleterre et aux États-Unis d'Amérique le nom de *denim*; il sert notamment à fabriquer les vêtements des mineurs, des ouvriers et des esclaves noirs. C'est donc lui qui, à l'horizon des années 1860, remplace peu à peu le *jean*, étoffe dont Levi Strauss se servait jusque-là pour tailler ses pantalons et ses salopettes. Ce mot *jean* correspond à la transcription phonétique du terme italo-anglais *genoese*, qui signifie tout simplement « de Gênes ». La toile de tente et de bâche dont se servait le jeune Levi Strauss appartenait en effet à une famille de tissus autrefois originaires de Gênes et de sa région ; faits d'abord d'un mélange de laine et de lin, plus tard de lin et de coton, ils servaient à fabriquer, depuis le XVIe siècle, des voiles de navire, des pantalons de marin, des toiles de tente et des bâches de toutes sortes.

À San Francisco, le pantalon Levi Strauss, par une sorte de métonymie, avait pris dès les années 1853-1855 le nom de son matériau : *jean.* Lorsqu'une dizaine d'années plus tard ce matériau changea, le nom resta. Les *jeans* furent désormais taillés dans du *denim* et non plus dans de la toile de Gênes, mais leur nom ne fut pas changé pour autant.

En 1872, Levi Strauss s'associa avec un tailleur juif de Reno, Jacob W. Davis, qui deux ans plus tôt avait imaginé de confectionner des pantalons pour bûcherons ayant sur l'arrière des poches fixées au moyen de rivets. Les jeans Levi Strauss eurent donc désormais des rivets. Bien que l'expression *blue jeans* ne fasse son apparition commerciale qu'en 1920, les jeans Levi Strauss, dès les années 1870, étaient tous de couleur bleue, car le coton denim était teint à l'indigo. Il était trop épais pour absorber totalement et définitivement toute la matière colorante, si bien qu'il ne pouvait être garanti « grand teint ». Mais c'est justement cette instabilité de la teinture qui fit son succès : la couleur apparaissait comme une matière vivante, évoluant en même temps que le porteur du pantalon ou de la salopette. Quelques décennies plus tard, lorsque les progrès de la chimie des colorants permirent de teindre à l'indigo n'importe quelle étoffe de manière solide et uniforme, les firmes productrices de jeans durent blanchir ou décolorer artificiellement leurs pantalons bleus afin de retrouver la tonalité délavée des origines.

À partir de 1890, en effet, la patente juridico-commerciale qui protégeait les jeans de la firme Levi Strauss prit fin. Des marques concurrentes virent le jour qui proposèrent des pantalons taillés dans un tissu moins épais et vendus moins cher. La firme Lee, créée en 1911, eut l'idée de remplacer les boutons de braguette par une fermeture Éclair en 1926. Mais c'est la firme Blue Bell (devenue Wrangler en 1947) qui, à partir de 1919, fit la plus forte concurrence aux jeans Levi Strauss. Par réaction, la puissante firme de San Francisco (dont le fondateur était mort milliardaire en 1902) créa le « Levi's 501 », taillé dans un coton denim double et gardant fidèlement les rivets et les boutons métalliques. En 1936, pour éviter toute confusion avec des marques concurrentes, une petite étiquette rouge portant le nom de la marque fut cousue le long de la poche arrière droite de tous les authentiques jeans Levi Strauss. C'était la première fois qu'un nom de marque s'affichait de manière ostensible sur la partie extérieure d'un vêtement.

Entre-temps le jean avait cessé d'être seulement un vêtement de travail. C'était devenu aussi un vêtement de loisirs et de vacances, notamment pour la riche société de l'est des États-Unis venant passer ses vacances à l'ouest et voulant y jouer aux cow-boys et aux pionniers. En 1935, la luxueuse revue *Vogue* accueillit sa première publicité pour ces jeans « bon genre ». En même temps, sur certains campus universitaires, le jean était adopté par les étudiants, notamment ceux de deuxième année qui s'efforcèrent pendant un temps d'en interdire le port aux « bizuths » de première année. Le jean devenait un vêtement de jeunes et de citadins, plus tard de femmes[266]. Après la Seconde Guerre mondiale sa vogue toucha l'Europe occidentale. On s'approvisionna d'abord dans les « stocks américains », puis les différents fabricants installèrent leurs usines en Europe même. Entre 1950 et 1975, une partie de la jeunesse se mit progressivement à porter des jeans. Les sociologues virent dans ce phénomène, largement relayé (sinon manipulé) par la publicité, un authentique fait de société, un vêtement androgyne, un emblème de la contestation ou de la révolte des jeunes. Toutefois, à partir des années 1980, beaucoup de jeunes, en Occident, commencèrent à se détourner du jean au profit de vêtements de coupes différentes, taillés dans d'autres tissus de textures et de couleurs plus variées. Sur les jeans, en effet, malgré des tentatives faites dans les années 1960 et 1970 pour diversifier les couleurs, le bleu et ses différentes nuances restaient et restent encore aujourd'hui nettement dominants.

Alors qu'en Europe occidentale le port du jean était en recul (le fin du fin, à partir des années 1980, étant de ne plus en porter), celui-ci devint dans les pays communistes (et aussi dans les pays en voie de développement, et même dans les pays musulmans) un vêtement contestataire, une ouverture vers l'Occident, ses libertés, ses modes, ses codes, ses systèmes de valeurs[267]. Cela dit, si l'on tente un bilan, réduire l'histoire et la symbolique du jean à celles d'un vêtement libertaire ou contestataire est abusif, sinon faux. Sa couleur bleue le lui interdit. C'est à l'origine un vêtement de travail masculin, devenu peu à peu un vêtement de loisir et dont le port s'est étendu aux femmes puis à l'ensemble des classes et catégories sociales. À aucun moment, même dans les décennies les plus récentes, la jeunesse n'en a eu le monopole. Quand on regarde les choses de près, c'est-à-dire quand on prend la peine de considérer l'ensemble des jeans portés en Amérique du Nord et en Europe entre la fin du XIXe siècle et la fin du XXe, on s'aperçoit que le jean est un vêtement ordinaire, porté par des gens ordinaires, ne cherchant nullement à se mettre en valeur, à se rebeller ni à transgresser quoi que ce soit, mais bien au contraire à porter un vêtement solide, sobre et confortable, voire à oublier qu'ils portent un vêtement. À la limite, on pourrait dire que c'est un vêtement protestant – même si son créateur est juif – tant il correspond à l'idéal vestimentaire véhiculé par les valeurs protestantes que nous avons évoquées plus haut : simplicité des formes, austérité des couleurs, tentation de l'uniforme.

La couleur préférée

Au XXe siècle, le bleu, en même temps qu'il devenait la couleur la plus portée dans le vêtement occidental, s'est trouvé confirmé dans son rôle de couleur préférée. Cette préférence, plus intellectuelle ou symbolique que strictement matérielle, a des racines anciennes. Nous avons vu plus haut comment, à partir du XIIIe siècle, il commence à concurrencer le rouge comme couleur aristocratique et royale. Avec la Réforme protestante et tous les systèmes de valeurs qui en découlent, le bleu devient une couleur digne, une couleur morale, ce que n'est pas le rouge, son rival ; par là même le bleu voit sa place s'étendre en de nombreux domaines au détriment du rouge, partout en recul. Mais c'est à l'époque romantique que le bleu accède définitivement et durablement au rang de couleur préférée. Depuis, il n'a plus quitté ce rang et semble même avoir accru son avance sur les autres couleurs. Certes, sur ce terrain, l'historien ne dispose pas de chiffres précis avant la fin du XIXe siècle, mais les nombreux témoignages utilisables (sociaux, économiques, littéraires, artistiques, symboliques) vont tous dans le même sens : le bleu est partout (ou presque partout) la couleur préférée. Et lorsque dans les années 1890-1900 de véritables sondages d'opinion sont effectués, les chiffres montrent que l'écart entre le bleu et les autres couleurs est considérable. Il l'est resté jusqu'à aujourd'hui.

Toutes les enquêtes d'opinion conduites depuis la Première Guerre mondiale autour de la notion de « couleur préférée » montrent en effet, avec une belle régularité, que sur cent personnes interrogées, tant en Europe occidentale qu'aux États-Unis, plus de la moitié citent le bleu comme première couleur. Viennent ensuite le vert (un peu moins de 20 %), puis le blanc et le rouge (autour de 8 % chacun), les autres couleurs se situant plus loin[268].

Tels sont les chiffres en Occident pour la population adulte. Chez les enfants, l'échelle des valeurs est sensiblement différente. Elle est en outre plus variable selon les pays et selon les âges, et ne présente pas dans la durée la même stabilité : contrairement à ce qui se passe pour les adultes, ce qui était vrai dans les années trente ou dans les années cinquante ne l'est plus tout à fait aujourd'hui. Cependant, c'est toujours et partout le rouge que les enfants citent en tête, devant soit le jaune, soit le bleu. Seuls les grands enfants – au-dessus de dix ans – expriment parfois des préférences plus marquées pour les couleurs dites « froides », comme le font majoritairement les adultes. Dans les deux cas, en revanche, on n'observe aucune différence entre les sexes. Les chiffres sont identiques pour les filles et pour les garçons comme ils sont identiques pour les hommes et pour les femmes. De même, l'influence des classes ou des milieux sociaux, voire des activités professionnelles, semble faible sur les réponses obtenues. La seule distinction pertinente vient de l'âge.

Ce sont évidemment les stratégies de la publicité qui ont, depuis près d'un siècle, contribué à multiplier ces enquêtes d'opinion autour de la notion de couleur préférée. L'historien en consulte les résultats avec un profit certain : non seulement ces résultats intéressent l'histoire de la sensibilité contemporaine, mais ils stimulent également la réflexion rétroactive et aident à poser dans la longue durée un certain nombre de questions essentielles. Toutefois, il faut savoir que de telles enquêtes n'existent pas encore pour tous les domaines des activités humaines ni, surtout, pour toutes les sociétés. Elles sont en général « ciblées », et donc plus ou moins viciées. C'est parfois abusivement que les sociologues et les psychologues étendent à un grand nombre de champs socioculturels, symboliques ou affectifs, ce qui au départ ne concerne bien souvent que la publicité, la vente de produits ou, plus spécifiquement encore, la mode vestimentaire occidentale.

La notion de couleur préférée est en elle-même extrêmement floue. Peut-on dire dans l'absolu, hors de tout contexte, quelle est la couleur que l'on préfère[269] ? Et quelle portée cela doit-il réellement avoir sur le travail du chercheur en sciences sociales, notamment de l'historien ? Lorsque l'on cite le bleu, par exemple, cela signifie-t-il que l'on préfère réellement le bleu à toutes les autres couleurs et que cette préférence – mais qu'est-ce qu'une « préférence » – concerne toutes les pratiques et toutes les valeurs, aussi bien le vêtement que l'habitat, la symbolique politique que les objets de la vie quotidienne, les rêves que les émotions artistiques ? Ou bien cela signifie-t-il qu'en réponse à une telle question (« quelle est votre couleur préférée ? »), par certains côtés très pernicieuse, on souhaite être, idéologiquement et culturellement, rangé et compté dans le groupe de personnes qui répondront « bleu » ? Ce point est important. Il chatouille d'autant plus la curiosité de l'historien que celui-ci, lorsqu'il tente – un peu anachroniquement – de projeter dans le passé sa réflexion sur l'évolution des couleurs « préférées », ne peut jamais cerner de résultats intéressant la psychologie ou la culture individuelle, mais seulement des faits de sensibilité collectifs, ne concernant qu'un domaine des activités d'une société (le lexique, le vêtement, les emblèmes et les armoiries, le commerce des pigments et des colorants, la création poétique ou picturale, les discours scientifiques). Au reste, en va-t-il différemment à notre époque ? La préférence individuelle, le goût personnel existent-ils vraiment ? Tout ce que nous croyons, pensons, admirons, aimons ou rejetons passe toujours par le regard et le jugement des autres. L'homme ne vit pas seul, il vit en société.

En outre, la plupart des enquêtes d'opinion évoquées plus haut ne tiennent compte ni de la sectorisation des champs du savoir, ni des activités professionnelles, ni des enjeux de la vie matérielle et privée. Au contraire, elles cherchent à se placer dans l'absolu, à dégager une éthique globale, et vont jusqu'à considérer que pour être valides, voire « opératoires » – la publicité en est toujours le moteur et le commanditaire – les personnes interrogées sur leur couleur préférée doivent répondre « spontanément », c'est-à-dire en moins de cinq secondes, sans ratiocinations ni arguties spécieuses, du type « mais s'agit-il du vêtement, de la peinture ? ». On est en droit de s'interroger sur la légitimité et les motifs de cette spontanéité exigée du public ; tout chercheur en devine le caractère artificiel et suspect.

Le flou, voire le vice, d'un concept peut néanmoins se révéler fructueux et pertinent. C'est ici le cas lorsque l'on constate combien, pour la population adulte, les résultats chiffrés évoluent peu dans le temps. Les quelques données que nous possédons pour la fin du XIXe siècle fournissent des chiffres assez proches de ceux cités ci-dessus et ne diffèrent guère dans l'espace[270]. Ce dernier trait est à souligner : depuis longtemps, la culture occidentale fait bloc autour de la couleur bleue[271]. Partout, les chiffres sont les mêmes et placent en tête le bleu devant le vert. Seules l'Espagne et, surtout, l'Amérique latine présentent quelques différences[272].

Tout autre est la situation lorsque l'on quitte l'Occident. Au Japon, par exemple, seul pays non occidental qui fournisse des chiffres appuyés sur des enquêtes similaires, l'échelle des couleurs préférées est fort différente : le blanc vient en tête (près de 30 % des réponses), devant le noir (25 %) et le rouge (20 %). Cela pose plusieurs problèmes aux grandes firmes multinationales d'origine japonaise. En matière de publicité, par exemple – affiches, prospectus, images photographiques ou télévisuelles – elles sont contraintes d'adopter deux stratégies distinctes : l'une destinée à la consommation intérieure, l'autre à l'exportation vers l'Occident. Certes, la couleur n'est pas seule en cause dans ces écarts, mais elle en constitue une dimension importante. Une firme qui veut séduire à l'échelle de la planète entière est obligée d'en tenir compte. Et ce, malgré la vitesse de propagation des phénomènes d'acculturation (qui semblent, du reste, plus lents pour la couleur que pour d'autres domaines).

Le cas japonais est intéressant à d'autres titres. Il souligne combien le phénomène « couleur » se définit, se pratique et se vit différemment selon les cultures. Dans la sensibilité japonaise, en effet, il importe parfois moins de savoir si l'on a affaire à du bleu, à du rouge ou à toute autre coloration, que de savoir si l'on est en présence d'une couleur mate ou d'une couleur brillante. Là réside le paramètre essentiel. Il existe ainsi plusieurs blancs, portant dans le lexique ordinaire des noms différents et s'étageant du mat le plus terne jusqu'au brillant le plus lumineux[273]. L'œil occidental, contrairement à l'œil japonais, n'est pas toujours capable de les distinguer ; et le vocabulaire des langues européennes est dans la gamme des blancs beaucoup trop pauvre pour pouvoir les nommer.

Ce qui s'observe au Japon, pays qui par bien des côtés est déjà fortement occidentalisé, est encore plus patent dans d'autres cultures, asiatiques, africaines ou amérindiennes. Dans la plupart des sociétés d'Afrique noire, par exemple, l'importance attachée à la frontière qui peut séparer la gamme des tons rouges de celle des bruns ou des jaunes, voire des verts ou des bleus, est dans certains cas relativement faible. En revanche, devant une couleur donnée, il est primordial de savoir s'il s'agit d'une couleur sèche ou d'une couleur humide, d'une couleur tendre ou d'une couleur dure, d'une couleur lisse ou d'une couleur rugueuse, d'une couleur sourde ou d'une couleur sonore, d'une couleur gaie ou d'une couleur triste. La couleur n'est pas une chose en soi, encore moins un phénomène relevant uniquement de la vue. Elle est appréhendée de pair avec d'autres paramètres sensoriels, et, de ce fait, teintes et nuances ne présentent pas d'enjeux essentiels. En outre, chez plusieurs peuples d'Afrique occidentale, la culture chromatique, la sensibilité aux couleurs et le vocabulaire qui l'exprime diffèrent selon les sexes, les âges ou les statuts sociaux. Dans certaines ethnies du Bénin, par exemple, le lexique des bruns – du moins ce qu'un œil occidental définirait comme brun – est prolifique et n'est pas identique pour les hommes et pour les femmes [274].

Ces différences entre les sociétés sont fondamentales ; comme l'ethnologue ou le linguiste, l'historien doit les garder constamment à l'esprit. Elles mettent non seulement en valeur le caractère étroitement culturel de la perception des couleurs et des faits de nomination qui en découlent, mais elles soulignent également le rôle important des synesthésies et des phénomènes d'associations perceptives concernant les différents sens. Enfin, elles invitent l'historien à la prudence en matière d'études comparatistes portant sur des faits de sensibilité s'inscrivant dans l'espace et dans la durée[275]. Un chercheur occidental peut à la rigueur saisir l'importance des concepts de matité et de brillance tels que les articule le système des couleurs dans le Japon contemporain[276]. En revanche, ce même chercheur est plus désorienté par l'univers des couleurs tel que le vivent certaines sociétés africaines : qu'est-ce qu'une couleur sèche ? Une couleur triste ? Une couleur muette ? Nous sommes là loin du bleu, du rouge, du jaune, du vert. Et combien existe-t-il ailleurs d'autres paramètres définissant la couleur qui lui échappent totalement ?

CONCLUSION

Le bleu aujourd'hui : une couleur neutre ?

Que reste-t-il aujourd'hui de la longue et riche histoire de la couleur bleue dans notre vie quotidienne, dans nos codes sociaux, dans nos sensibilités ? Tout d'abord, nous venons de le souligner, le fait d'être la couleur préférée, loin devant toutes les autres. Et ce, quels que soient le sexe, les origines sociales, la profession ou le bagage culturel : le bleu écrase tout. Le vêtement en est la principale manifestation. Dans tous les pays d'Europe occidentale, voire dans le monde occidental dans son ensemble, le bleu – toutes nuances confondues – est depuis plusieurs décennies la couleur vestimentaire la plus portée (devant le blanc, le noir et le beige). Il le restera probablement encore longtemps car les caprices de la mode n'entament en rien cette primauté. En effet – à quoi bon le cacher – l'écart reste toujours et partout considérable entre le vêtement de mode, mis en scène par les médias et qui ne concerne qu'un pourcentage infime de la population, et le vêtement réellement porté par l'ensemble des classes et catégories sociales. Le premier change chaque demi-saison ; le second se transforme selon des rythmes beaucoup plus lents.

Les faits de lexique confirment les pratiques vestimentaires : en français, *bleu* est devenu un mot magique, un mot qui séduit, qui apaise, qui fait rêver. Un mot qui fait vendre également. Bien des produits, des entreprises, des lieux ou des créations artistiques qui n'ont qu'un lointain rapport avec cette couleur (voire pas de rapport du tout) sont aujourd'hui qualifiés de « bleus ». La musique du mot est douce, agréable, liquide ; son champ sémantique évoque le ciel, la mer, le repos, l'amour, le voyage, les vacances, l'infini. Il en va de même dans plusieurs autres langues : *bleu, blue, blu, blau* sont des mots rassurants et poétiques, qui associent toujours la couleur, le souvenir, le désir et le rêve. Ils sont présents dans un grand nombre de titres de livres auxquels, par cette seule présence, ils confèrent un charme particulier qu'aucun autre terme de couleur ne pourrait offrir.

Cependant, contrairement à ce que l'on pourrait croire, ce goût prononcé pour le bleu n'est pas l'expression de pulsions ou d'enjeux symboliques particulièrement forts. On a même l'impression que c'est parce qu'il est symboliquement moins « marqué » que d'autres couleurs (notamment le rouge, le vert, le blanc ou le noir) que le bleu fait l'unanimité. En apporte confirmation le fait qu'il est, dans les enquêtes d'opinion, la couleur la moins souvent citée comme détestée. Il ne choque pas, ne blesse pas, ne révolte pas. De même, être la couleur préférée de plus de la moitié de la population est probablement l'expression d'un potentiel symbolique relativement faible ou, en tout cas, peu violent ni transgressif. Car en définitive, quand nous avouons que notre couleur préférée est le bleu, que révélons-nous vraiment de nous-mêmes ? Rien, ou presque. C'est tellement banal, tellement tiède. Tandis qu'avouer préférer le noir, le rouge ou même le vert...

C'est là une des caractéristiques essentielles du bleu dans la symbolique occidentale des couleurs : il ne fait pas de vague, il est calme, pacifique, lointain, presque neutre. Il fait rêver bien sûr (pensons de nouveau ici aux poètes romantiques, à la fleur bleue de Novalis, au blues), mais ce rêve mélancolique a quelque chose d'anesthésiant. On peint aujourd'hui en bleu les murs des hôpitaux, on en habille tous les médicaments de la famille des calmants, on l'utilise dans le code de la route pour exprimer tout ce qui est autorisé, on le sollicite pour en faire une couleur politique modérée et consensuelle. Le bleu n'agresse pas, ne transgresse rien ; il sécurise et rassemble. Les grands organismes internationaux ne s'y sont pas trompés qui tous ont choisi le bleu pour couleur emblématique : autrefois l'ancienne Société des Nations puis, de nos jours, l'ONU, l'Unesco, le Conseil de l'Europe, l'Union européenne. Le bleu est devenu une couleur internationale chargée de promouvoir la paix et l'entente entre les peuples ; les casques bleus de l'ONU œuvrent en ce sens en plusieurs points du globe. Le bleu est devenu la plus pacifique, la plus neutre de toutes les couleurs. Même le blanc semble posséder une force symbolique plus grande, plus précise, plus orientée.

Au reste, cette association symbolique entre le bleu, le calme ou la paix est ancienne. Elle est déjà plus ou moins présente dans la symbolique médiévale des couleurs et solidement attestée à l'époque romantique. Ce qui est plus récent, en revanche, c'est le lien entre le bleu et l'eau et, surtout, entre le bleu et le froid. La place a manqué pour en parler longuement dans les chapitres de ce livre, mais il s'agit là d'une dimension importante de la couleur bleue. Surtout à l'époque moderne et contemporaine. Dans l'absolu, il n'existe évidemment pas de couleurs chaudes et de couleurs froides. C'est là une pure affaire de conventions, lesquelles varient dans le temps et dans l'espace. En Europe, au Moyen Âge et à la Renaissance, le bleu passe ainsi pour une couleur chaude, parfois même pour la plus chaude de toutes les couleurs. Ce n'est qu'à partir du XVIIe siècle qu'il s'est progressivement « refroidi », et au XIXe siècle seulement qu'il a pris son véritable statut de couleur froide (pour Goethe, nous l'avons vu, c'est encore partiellement une couleur chaude). En ce domaine, l'anachronisme guette l'historien à chaque coin de document. Un historien de l'art, par exemple, qui étudierait dans un tableau de la fin du Moyen Âge ou de la Renaissance comment le peintre a réparti les couleurs chaudes et les couleurs froides et qui ferait du bleu, comme de nos jours, une couleur froide, se tromperait totalement.

Dans ce passage du chaud au froid, c'est probablement l'association progressive du bleu et de l'eau qui a joué le rôle le plus important. Dans les sociétés antiques et médiévales, en effet, l'eau est rarement perçue ou pensée comme bleue. Dans les images, elle peut être de n'importe quelle couleur mais, symboliquement, c'est surtout au vert qu'elle est associée. De fait, sur les portulans et les plus anciennes cartes de géographie, l'eau (mers, lacs, fleuves, rivières) est presque toujours verte. Ce n'est qu'à partir de la fin du XVe siècle que ce vert – également sollicité pour représenter les forêts – cède progressivement la place au bleu. Mais dans l'imaginaire et dans la vie quotidienne, il a fallu encore du temps, beaucoup de temps pour que l'eau devienne bleue et le bleu, froid.

Froid comme nos sociétés occidentales contemporaines dont le bleu est à la fois l'emblème, le symbole et la couleur préférée.

BIBLIOGRAPHIE

De nombreux livres et articles ont été cités dans les notes. Tous ne sont pas repris dans cette bibliographie.

Concernant l'histoire générale ou particulière des couleurs, je n'ai retenu que quelques travaux, laissant de côté, dans l'océan bibliographique consacré à la couleur, les publications non historiques, superficielles, psychologisantes ou ésotérisantes. Ces publications sont innombrables et pour beaucoup dépourvues d'intérêt. De même, parmi les multiples ouvrages portant sur l'histoire du vêtement et des pratiques vestimentaires, je n'ai mentionné que ceux qui accordaient une véritable attention aux problèmes de la couleur, sujet du présent ouvrage. Contrairement à ce qu'on pourrait croire, ils ne sont pas très nombreux.

Il en va pareillement de l'histoire des pigments, des colorants et des teintures : la bibliographie proposée ne peut être qu'une sélection, appuyée sur mes lectures et mon expérience ; je n'ai cité que des travaux dont je sais qu'ils peuvent être utiles à l'historien des faits de société, laissant de côté les études spécialisées sur la physique et la chimie des couleurs, ainsi que, malgré leur grande utilité, les résultats d'analyses d'œuvres d'art ou d'échantillons textiles faites en laboratoire.

Enfin, concernant l'histoire de l'art et de la peinture, la sélection a été plus drastique encore : la rubrique concernée aurait pu mentionner plusieurs centaines de livres et d'articles ; je n'ai retenu que quelques publications, celles qui avaient pour objet premier les rapports entre couleurs, théories de l'art et pratiques sociales. Ce choix m'a paru légitime du fait que le présent ouvrage est prioritairement consacré à l'histoire sociale de la couleur bleue et non pas à son histoire picturale. Le lecteur intéressé par l'histoire proprement artistique des couleurs trouvera une importante bibliographie dans l'excellent ouvrage de John Gage, *Color and Culture.*

1. Histoire des couleurs

a. Généralités

Berlin (Brent) et Kay (Paul), *Basic Color Terms. Their Universality and Evolution*, Berkeley, 1969.

Birren (Faber), *Color. A Survey in Words and Pictures*, New York, 1961.

Brusatin (Manlio), *Storia dei colori*, 2e éd., Turin, 1983 (traduction française, *Histoire des couleurs*, Paris, 1986).

Conklin (Harold C.), « Color Categorization », dans *The American Anthropologist*, vol. LXXV/4, 1973, p. 931-942.

Eco (Renate), dir., *Colore : divietti, decreti, discute*, Milan, 1985 (numéro spécial de la revue *Rassegna*, vol. 23, septembre 1985).

Gage (John), *Color and Culture. Practice and Meaning from Antiquity to Abstraction*, Londres, 1993.

Heller (Eva), *Wie Farben wirken. Farbpsychologie, Farbsymbolik, Kreative Farbgestaltung*, Hambourg, 1989.

Indergand (Michel) et Fagot (Philippe), *Bibliographie de la couleur*, Paris, 1984-1988, 2 vol.

Meyerson (Ignace), dir., *Problèmes de la couleur*, Paris, 1957.

Pastoureau (Michel), *Couleurs, images, symboles. Etudes d'histoire et d'anthropologie*, Paris, 1989.

Pastoureau (Michel), *Dictionnaire des couleurs de notre temps. Symbolique et société*, 2e éd., Paris, 1999.

Portmann (Adolf) et Ritsema (Rudolf), dir., *The Realms of Colour. Die Welt der Farben*, Leiden, 1974 (*Eranos Yearbook*, 1972).

Pouchelle (Marie-Christine), dir., *Paradoxes de la couleur*, Paris, 1990 (numéro spécial de la revue *Ethnologie française*, tome XX/4, octobre-décembre 1990).

Rzepinska (M.), *Historia coloru u dziejach malatstwa europejskiego*, 3e éd., Varsovie, 1989.

Tornay (Serge), dir., *Voir et nommer les couleurs*, Nanterre, 1978.

Vogt (Hans Heinrich), *Farben und ihre Geschichte*, Stuttgart, 1973.

Zahan (Dominique), « L'homme et la couleur », dans Jean Poirier, dir., *Histoire des mœurs*. Tome I : *Les coordonnées de l'homme et la culture matérielle*, Paris, 1990, p. 115-180.

b. Antiquité et Moyen Âge

Brüggen (E.), *Kleidung und Mode in der höfischen Epik*, Heidelberg, 1989.

Cechetti (B.), *La vita dei Veneziani nel 1300. Le veste*, Venise, 1886.

Centre universitaire d'études et de recherches médiévales d'Aix-en-Provence, *Les Couleurs au Moyen Âge*, Aix-en-Provence, 1988 (*Senefiance*, vol. 24).

Ceppari Ridolfi (M.) et Turrini (P.), *Il mulino delle vanità. Lusso e cerimonie nella Siena medievale*, Sienne, 1996.

Dumézil (Georges), « *Albati, russati, virides* », dans *Rituels indo-européens à Rome,* Paris, 1954, p. 45-61.

Frodl-Kraft (E.), « Die Farbsprache der gotischen Malerei. Ein Entwurf », dans *Wiener Jahrbuch für Kunstgeschichte,* tomes XXX-XXXI, 1977-1978, p. 89-178.

Haupt (G.), *Die Farbensymbolik in der sakralen Kunst des abendländischen Mittelalters,* Leipzig-Dresden, 1941.

Istituto storico lucchese, *Il colore nel Medioevo. Arte, simbolo, tecnica. Atti delle giornate di studi,* Lucca, 1996-1998, 2 vol.

Luzzatto (Lia) et Pompas (Renata), *Il significato dei colori nelle civiltà antiche,* Milan, 1988.

Pastoureau (Michel), *Figures et Couleurs. Études sur la symbolique et la sensibilité médiévales,* Paris, 1986.

Pastoureau (Michel), « L'Église et la couleur des origines à la Réforme », dans *Bibliothèque de l'École des chartes,* tome 147, 1989, p. 203-230.

Pastoureau (Michel), « Voir les couleurs au XIIIe siècle », dans *Micrologus. Nature, Science and Medieval Societies,* vol. VI (*View and Vision in the Middle Ages*), 1998, tome II, p. 147-165.

Sicile, héraut d'armes du XVe siècle, *le Blason des couleurs en armes, livrées et devises,* éd. H. Cocheris, Paris, 1857.

c. Temps modernes et contemporains

Birren (Faber), *Selling Color to People,* New York, 1956.

Brino (Giovanni) et Rosso (Franco), *Colore e citta. Il piano del colore di Torino, 1800-1850,* Milan, 1980.

Laufer (Otto), *Farbensymbolik im deutschen Volsbrauch,* Hambourg, 1948.

Lenclos (Jean-Philippe et Dominique), *les Couleurs de la France. Maisons et paysages,* Paris, 1982.

Lenclos (Jean-Philippe et Dominique), *les Couleurs de l'Europe. Géographie de la couleur*, Paris, 1995.

Noël (Benoît), *l'Histoire du cinéma couleur*, Croissy-sur-Seine, 1995.

Pastoureau (Michel), « La Réforme et la couleur », dans *Bulletin de la Société d'histoire du protestantisme français*, tome 138, juillet-septembre 1992, p. 323-342.

Pastoureau (Michel), « La couleur en noir et blanc (XVe-XVIIIe siècle) », dans *le Livre et l'Historien. Études offertes en l'honneur du Professeur Henri-Jean Martin*, Genève, 1997, p. 197-213.

2. La coulcur bleue

Azur, exposition, Paris et Jouy-en-Josas, Fondation Cartier, 1993.

Balfour-Paul (J.), *Indigo*, Londres, 1998.

Blu/Blue Jeans. Il blu populare, exposition, Milan, 1989.

Blue Tradition. Indigo Dyed Textiles and Related Cobalt Glazed Ceramics from the 17th through the 19th Century, exposition, Baltimore, 1973.

Carus-Wilson (Elizabeth M.), « La guède française en Angleterre. Un grand commerce d'exportation », dans *Revue du Nord*, 1953, p. 89-105.

Caster (Gilles), *le Commerce du pastel et de l'épicerie à Toulouse, de 1450 environ à 1561*, Toulouse, 1962.

Gerke (Hans), dir., *Blau, Farbe der Ferne*, exposition, Heidelberg, 1990.

Gettens (R. J.), « Lapis Lazuli and Ultramarine in Ancient Times », dans *Alumni*, vol. 19, 1950, p. 342-357.

Goetz (K. E.), « Waren die Römer blaublind », dans *Archiv für Lateinische Lexicographie und Grammatik*, tome XIV, 1906, p. 75-88, et tome XV, 1908, p. 527-547.

Hurry (John B.), *The Woad Plant and its Dye*, Londres, 1930.

Lavenex Vergès (Fabienne), *Bleus égyptiens. De la pâte auto-émaillée au pigment bleu synthétique*, Paris et Louvain, 1992.

Lochmann (Angelika) et Overath (Angelika), dir., *Das blaue Buch. Lesarten einer Farbe*, Nördlingen, 1988.

Martius (H.), *Die Bezeichnungen der blauen Farbe in der romanischen Sprachen*, thèse, Erlangen, 1947.

Mollard-Desfour (Annie), *le Dictionnaire des mots et expressions de couleur. Le bleu*, Paris, 1998.

Monnereau (E.), *le Parfait indigotier ou description de l'indigo*, Amsterdam, 1765.

Overath (Angelika), *Das andere Blau. Zur Poetik einer Farbe im modernen Kunst*, Stuttgart, 1987.

Pastoureau (Michel), « Du bleu au noir. Éthiques et pratiques de la couleur à la fin du Moyen Âge », dans *Médiévales*, vol. 14, juin 1988, p. 9-22.

Pastoureau (Michel), « Entre vert et noir. Petit dictionnaire historique de la couleur bleue », dans *Azur* (exposition, Fondation Cartier, Jouy-en-Josas, 1993), Paris, 1993, p. 254-264.

Pastoureau (Michel), « La promotion de la couleur bleue au XIIIe siècle : le témoignage de l'héraldique et de l'emblématique », dans *Il colore nel medioevo. Arte, simbolo, tecnica. Atti delle giornate di studi (Lucca, 5-6 maggio 1995)*, Lucca, 1996, p. 7-16.

Ruffino (Patrice Georges), *le Pastel, or bleu du pays de cocagne*, Panayrac, 1992.

Viatte (Françoise), dir., *Sublime indigo (exposition, Marseille, 1987)*, Fribourg, 1987.

3. Problèmes philologiques et terminologiques

André (Jacques), *Étude sur les termes de couleurs dans la langue latine*, Paris, 1949.

Brault (Gerard J.), *Early Blazon. Heraldic Terminology in the XIIth and XIIIth Centuries, with Special Reference to Arthurian Literature*, Oxford, 1972.

Crosland (M. P.), *Historical Studies in the Language of Chemistery*, Londres, 1962.

Giacolone Ramat (Anna), « Colori germanici nel mondo romanzo », dans *Atti e memorie dell'Academia toscana di scienze e lettere La Colombaria (Firenze)*, vol. 32, 1967, p. 105-211.

Gloth (H.), *Das Spiel von den sieben Farben*, Königsberg, 1902.

Grossmann (Maria), *Colori e lessico : studi sulla struttura semantica degli aggetivi di colore in catalano, castigliano, italiano, romano, latino ed ungherese*, Tübingen, 1988.

Jacobson-Widding (Anit), *Red-White-Black, as a Mode of Thought*, Stockholm, 1979.

Kristol (Andres M.), *Color. Les langues romanes devant le phénomène couleur*, Berne, 1978.

Magnus (H.), *Histoire de l'évolution du sens des couleurs*, Paris, 1878.

Meunier (Annie), « Quelques remarques sur les adjectifs de couleur », dans *Annales de l'Université de Toulouse*, vol. 11/5, 1975, p. 37-62.

Ott (André), *Études sur les couleurs en vieux français*, Paris, 1899.

Schäfer (Barbara), *Die Semantik der Farbadjektive im Altfranzösischen*, Tübingen, 1987.

Wackernagel (W.), « Die Farben- und Blumensprache

des Mittelalters », dans *Abhandlungen zur deutschen Altertumskunde und Kunstgeschichte*, Leipzig, 1872, p. 143-240.

Wierzbicka (Anna), « The Meaning of Color Terms : Cromatology and Culture », dans *Cognitive Linguistics*, vol. I/1, 1990, p. 99-150.

4. Histoire des teintures et des teinturiers

Brunello (Franco), *L'arte della tintura nella storia dell'umanita*, Vicenza, 1968.

Brunello (Franco), *Arti e mestieri a Venezia nel medioevo e nel Rinascimento*, Vicenza, 1980.

Cardon (Dominique) et Du Châtenet (G.), *Guide des teintures naturelles*, Neuchâtel et Paris, 1990.

Chevreul (Michel Eugène), *Leçons de chimie appliquée à la teinture*, Paris, 1829.

Edelstein (S. M.) et Borghetty (H. C.), *The « Plictho » of Giovan Ventura Rosetti*, Londres et Cambridge (Mass.), 1969.

Gerschel (L.), « Couleurs et teintures chez divers peuples indo-européens », dans *Annales E. S. C.*, 1966, p. 608-63.

Hellot (Jean), *l'Art de la teinture des laines et des étoffes de laine en grand et petit teint*, Paris, 1750.

Jaoul (Martine), dir., *Des teintes et des couleurs*, exposition, Paris, 1988.

Lauterbach (F.), *Geschichte der in Deutschland bei der Färberei angewandten Farbstoffe, mit besonderer Berücksichtigung des mittelalterlichen Waidblaues*, Leipzig, 1905.

Legget (W. F.), *Ancient and Medieval Dyes*, New York, 1944.

Lespinasse (R.), *Histoire générale de Paris. Les métiers et corporations de la ville de Paris*, tome III (*Tissus, étoffes...*), Paris, 1897.

Pastoureau (Michel), *Jésus chez le teinturier. Couleurs et teintures dans l'Occident médiéval*, Paris, 1998.

Ploss (Emil Ernst), *Ein Buch von alten Farben. Technologie der Textilfarben im Mittelalter*, 6e éd., Munich, 1989.

Rebora (G.), *Un manuale di tintoria del Quattrocento*, Milan, 1970.

5. Histoire des pigments

Bomford (David) *et alii*, *Art in the Making: Italian Painting before 1400*, Londres, 1989.

Bomford (David) *et alii*, *Art in the Making: Impressionism*, Londres, 1990.

Brunello (Franco), *« De arte illuminandi » e altri trattati sulla tecnica della miniatura medievale*, 2e éd., Vicenza, 1992.

Feller (Robert L.) et Roy (Ashok), *Artists' Pigments. A Handbook of their History and Characteristics*, Washington, 1985-1986, 2 vol.

Guineau (Bernard), dir., *Pigments et Colorants de l'Antiquité et du Moyen Âge*, Paris, 1990.

Harley (R.), *Artists' Pigments (c. 1600-1835)*, 2e éd., Londres, 1982.

Kittel (H.), dir., *Pigmente*, Stuttgart, 1960.

Laurie (A. P.), *The Pigments and Mediums of Old Masters*, Londres, 1914.

Loumyer (Georges), *les Traditions techniques de la peinture médiévale*, Bruxelles, 1920.

Merrifield (Mary P.), *Original Treatises dating from the XIIth to the XVIIIth Centuries on the Art of Painting*, Londres, 1849, 2 vol.

Montagna (Giovanni), *I pigmenti. Prontuario per l'arte e il restauro*, Florence, 1993.

Reclams Handbuch der künstlerischen Techniken. I:

Farbmittel, Buchmalerei, Tafel- und Leinwandmalerei, Stuttgart, 1988.

Roosen-Runge (Heinz), *Farbgebung und Maltechnik frühmittelalterlicher Buchmalerei*, Munich, 1967, 2 vol.

Smith (C. S.) et Hawthorne (J. G.), *Mappae clavicula. A Little Key to the World of Medieval Techniques*, Philadelphie, 1974 (*Transactions of The American Philosophical Society*, n.s., vol. 64/IV).

Techné. La science au service de l'art et des civilisations, vol. 4, 1996 (« La couleur et ses pigments »).

Thompson (Daniel V.), *The Material of Medieval Painting*, Londres, 1936.

6. Histoire du vêtement

Baldwin (Frances E.), *Sumptuary Legislation and Personal Relation in England*, Baltimore, 1926.

Baur (V.), *Kleiderordnungen in Bayern von 14. bis 19. Jahrhundert*, Munich, 1975.

Boehn (Max von), *Die Mode. Menschen und Moden vom Untergang der alten Welt bis zum Beginn des zwanzigsten Jahrhunderts*, Munich, 1907-1925, 8 vol.

Boucher (François), *Histoire du costume en Occident de l'Antiquité à nos jours*, Paris, 1965.

Bridbury (A. R.), *Medieval English Clothmaking. An Economic Survey*, Londres, 1982.

Cray (E.), *Levi's*, Boston, 1978.

Eisenbart (Liselotte C.), *Kleiderordnungen der deutschen Städte zwischen 1350-1700*, Göttingen, 1962.

Friedman (Daniel), *Une histoire du Blue Jeans*, Paris, 1987.

Harte (N. B.) et Ponting (K. G.), éd., *Cloth and Clothing in Medieval Europe. Essays in Memory of E. M. Carus-Wilson*, Londres, 1982.

Histoires du jeans de 1750 à 1994, exposition, Paris, 1994.

Hunt (Alan), *Governance of the Consuming Passions. A History of Sumptuary Law*, Londres et New York, 1996.

Madou (Mireille), *le Costume civil*, Turnhout, 1986 (*Typologie des sources du Moyen Âge occidental*, vol. 47).

Nathan (H.), *Levi Strauss and Company, Taylors to the World*, Berkeley, 1976.

Nixdorff (Heide) et Müller (Heidi), dir., *Weisse Vesten, roten Roben. Von den Farbordnungen des Mittelalters zum individuellen Farbgeschmak*, exposition, Berlin, 1983.

Page (Agnès), *Vêtir le prince. Tissus et couleurs à la cour de Savoie (1427-1447)*, Lausanne, 1993.

Pellegrin (Nicole), *les Vêtements de la liberté. Abécédaires des pratiques vestimentaires françaises de 1780 à 1800*, Paris, 1989.

Piponnier (Françoise), *Costume et Vie sociale. La cour d'Anjou, XIVe-XVe siècles*, Paris-La Haye, 1970.

Piponnier (Françoise) et Mane (Perrine), *Se vêtir au Moyen Âge*, Paris, 1995.

Quicherat (Jules), *Histoire du costume en France depuis les temps les plus reculés jusqu'à la fin du XVIIIe siècle*, Paris, 1875.

Roche (Daniel), *la Culture des apparences. Une histoire du vêtement (XVIIe-XVIIIe siècles)*, Paris, 1989.

Roche-Bernard (Geneviève) et Ferdière (Alain), *Costumes et Textiles en Gaule romaine*, Paris, 1993.

Vincent (John M.), *Costume and Conduct in the Laws of Basel, Bern and Zurich*, Baltimore, 1935.

7. Histoire des emblèmes et des drapeaux

Abelès (Marc) et Rossade (Werner), *Politique symbolique en Europe*, Berlin, 1993.

Charrié (Pierre), *Drapeaux et étendards du XIXe siècle (1814-1888)*, Paris, 1992.

Harmignies (Roger), « Le drapeau européen », dans *Vexilla Belgica*, vol. 7, 1983, p. 16-99.

Lager (Carole), *l'Europe en quête de ses symboles*, Berne, 1995.

Pastoureau (Michel), Traité d'héraldique, 2e éd., Paris, 1993.

Pastoureau (Michel), *les Emblèmes de la France*, Paris, 1999.

Pinoteau (Hervé), *Vingt-cinq ans d'études dynastiques*, Paris, 1984.

Pinoteau (Hervé), *le Chaos français et ses signes. Étude sur la symbolique de l'État français depuis la Révolution de 1789*, La Roche-Rigault, 1998.

Smith (Withney), *les Drapeaux à travers les âges et dans le monde entier*, Paris, 1976.

Zahan (Dominique), *les Drapeaux et leur symbolique*, Strasbourg, 1993.

8. Philosophie et histoire des sciences

Blay (Michel), *la Conceptualisation newtonienne des phénomènes de la couleur*, Paris, 1983.

Blay (Michel), *les Figures de l'arc-en-ciel*, Paris, 1995.

Boyer (Carl B.), *The Rainbow from Myth to Mathematics*, New York, 1959.

Goethe (Wolfgang), *Zur Farbenlehre*, Tübingen, 1810, 2 vol.

Goethe (Wolfgang), *Materialen zur Geschichte der Farbenlehre*, Munich, 1971, 2 vol.

Halbertsma (K. J. A.), *A History of the Theory of Colour*, Amsterdam, 1949.

Lindberg (David C.), *Theories of Vision from Al-Kindi to Kepler*, Chicago, 1976.

Newton (Isaac), *Opticks or a Treatise of the Reflexions, Refractions, Inflexions and Colours of Light*, Londres, 1704.

Pastore (N.), *Selective History of Theories of Visual Perception*, 1650-1950, Oxford, 1971.

Sepper (Dennis L.), *Goethe contra Newton. Polemics and the Project of a new Science of Color*, Cambridge, 1988.

Sherman (P. D.), *Colour Vision in the Nineteenth Century : the Young-Helmholtz-Maxwell Theory*, Cambridge, 1981.

Westphal (John), *Colour : a Philosophical Introduction*, 2e éd., Londres, 1991.

Wittgenstein (Ludwig), *Bemerkungen über die Farben*, Frankfurt am Main, 1979.

9. Histoire et théories de l'art

Aumont (Jacques), *Introduction à la couleur : des discours aux images*, Paris, 1994.

Barash (Moshe), *Light and Color in the Italian Renaissance Theory of Art*, New York, 1978.

Dittmann (L.), *Farbgestaltung und Fartheorie in der abendländischen Malerei*, Stuttgart, 1987.

Gavel (Jonas), *Colour. A Study of its Position in the Art Theory of the Quattro- and Cinquecento,* Stockholm, 1979.

Hall (Marcia B.), *Color and Meaning. Practice and Theory in Renaissance Painting*, Cambridge (Mass.), 1992.

Imdahl (Max), *Farbe. Kunsttheoretische Reflexionen in Frankreich*, Munich, 1987.

Kandinsky (Wassily), *Ueber das Geistige in der Kunst*, Munich, 1912.

Le Rider (Jacques), *les Couleurs et les Mots*, Paris, 1997.

Lichtenstein (Jacqueline), *la Couleur éloquente. Rhétorique et peinture à l'âge classique*, Paris, 1989.

Roque (Georges), *Art et Science de la couleur. Chevreul et les peintres de Delacroix à l'abstraction*, Nîmes, 1997.

Shapiro (A. E.), « Artists' Colors and Newton's Colors », dans *Isis*, vol. 85, 1994, p. 600-630.

Teyssèdre (Bernard), *Roger de Piles et les débats sur le coloris au siècle de Louis XIV*, Paris, 1957.

NOTES

1. M. Pastoureau, « Vers une histoire sociale des couleurs », dans *Couleurs, images, symboles. Études d'histoire et d'anthropologie*, Paris, 1989, p. 9-68 ; « Une histoire des couleurs est-elle possible ? », dans *Ethnologie française*, vol. 20/4, octobre-décembre 1990, p. 368-377 ; « La couleur et l'historien », dans B. Guineau, éd., *Pigments et colorants de l'Antiquité et du Moyen Âge*, Paris, CNRS, 1990, p. 21-40. Le présent livre est né de plusieurs séminaires que j'ai tenus à l'Ecole pratique des hautes études et à l'École des hautes études en sciences sociales entre 1980 et 1995. Une première version l'a précédé sous forme d'un court article intitulé « Jésus teinturier. Histoire symbolique et sociale d'un métier réprouvé », publié dans la revue *Médiévales*, n° 29, 1995, p. 43-67.

2. Typique est à cet égard l'exemple du livre de John Gage, *Color and Culture. Practice and Meaning from Antiquity to Abstraction*, Londres, Thames and Hudson, 1993. Il s'agit sans doute de l'ouvrage le plus ambitieux et le plus volumineux jamais consacré à l'histoire des couleurs. Mais, malgré son titre, ce beau livre fait une impasse presque totale sur les pratiques sociales de la couleur ; c'est-à-dire sur les faits de lexique et les enjeux du vocabulaire, sur les systèmes vestimentaires et sur les teintures, sur les emblèmes et les codes sociaux (armoiries, drapeaux, signes et symboles). Il se limite aux questions touchant à l'histoire des sciences et à l'histoire de l'art. Voir le compte rendu que j'en ai donné dans *Les Cahiers du Musée national d'art moderne* (Paris), n° 54, hiver 1995, p. 115-116.

3. F. Brunello, *L'arte della tintura nella storia dell'umanita*, Vicenza, 1968, p. 3-16.

4. J. André, *Étude sur les termes de couleur dans la langue latine*, Paris, 1949, p. 125-126. Aujourd'hui encore, en espagnol (castillan), *colorado* est un des mots d'emploi courant pour désigner le rouge.

5. L. Gerschel, « Couleurs et teintures chez divers peuples indo-européens », dans *Annales, Économies, Sociétés, Civilisations*, tome XXI, 1966, p. 603-624.

6. Notons au passage que, dans certaines cultures, le noir et le rouge entretiennent entre eux des relations directes, sans passer par le blanc (c'est le cas de la culture musulmane, notamment), et que dans d'autres cultures cela n'est pas le cas.

7. F. Brunello, *op. cit.*, p. 29-33.

8. Sur la guède tinctoriale antique, voir J. et C. Cotte, « La guède dans l'Antiquité », dans *Revue des études anciennes*, tome XXI/1, 1919, p. 43-57.

9. Pline, cependant, n'en fait pas véritablement une pierre mais une sorte d'écume ou de limon solidifié puis broyé : « *Ex India venit indicus, arundinum spumae adhaerescente limo ; cum teritur, nigrum ; at in diluendo mixturam purpurae caeruleique mirabilem reddit* » (*Histoire naturelle*, livre XXXV, chapitre 27, paragraphe 1).

10. Sur ces questions on me permettra de renvoyer à M. Pastoureau, « Ceci est mon sang. Le christianisme médiéval et la couleur rouge », dans D. Alexandre-Bidon, éd., *le Pressoir mystique. Actes du colloque de Recloses*, Paris, Cerf, 1990, p. 43-56 ; et « La Réforme et la couleur », dans *Bulletin de la Société d'histoire du protestantisme français*, tome 138, juillet-septembre 1992, p. 323-342.

11. Voir en dernier lieu B. Dov Hercenberg, « La transcendance du regard et la mise en perspective du *tekhélet* ("bleu" biblique) », dans *Revue d'histoire et de philosophie religieuse* (Strasbourg), tome 78/4, octobre-décembre 1998, p. 387-411.

12. C'est notamment la cinquième des douze pierres précieuses du pectoral du grand prêtre (Exode **28**, 18 ; **39**, 11) ; la septième des neuf pierres du manteau des rois de Tyr (Ezéchiel **28**, 13) ; et, surtout, la deuxième des douze pierres servant de soubassement à la nouvelle Jérusalem (Apocalypse **21**, 19).

13. Cette même confusion des termes se retrouve en latin médiéval pour tous les pigments bleus. Les mots latins *azurium, lazurium* viennent du grec *lazourion*, dérivé lui-même du mot persan désignant la pierre : *lazward*; ce même mot a donné l'arabe *lazaward* (*lazurd* en arabe oral).

14. L. von Rosen, *Lapis lazuli in geological contexts and in ancient written sources*, Göteborg, 1988 ; A. Roy, *Artists' Pigments. A Handbook of their History and Characteristics*, Washington, 1993, p. 37-65.

15. Malgré de nombreuses tentatives, certaines très anciennes, pour produire un pigment de synthèse ayant les propriétés du lapis-lazuli, ce n'est qu'en 1828 que le chimiste Guimet réussit à créer un « outremer artificiel » en chauffant à l'abri de l'air un mélange de kaolin, de sulfate de sodium, de charbon et de soufre.

16. A. Roy, *op. cit.*, p. 23-35.

17. F. Lavenex Vergès, *Bleus égyptiens. De la pâte auto-émaillée au pigment bleu synthétique*, Louvain, 1992.

18. J. Baines, « Color Terminology and Color Classification in Ancient Egyptian Color Terminology and Polychromy », dans *The American Anthropologist*, tome LXXXVII, 1985, p. 282-297.

19. Voir le très riche catalogue de l'exposition *Paris, Rome, Athènes. Le Voyage en Grèce des architectes français aux XIX*e *et XX*e *siècles*, Paris, École nationale des beaux-arts, 1982.

20. V. J. Bruno, *Form and Colour in Greek Painting*, Oxford, 1977.

21. *Histoire naturelle*, livre XXXV, paragraphe XXXII : « C'est en utilisant uniquement quatre couleurs qu'Apelle, Aéthion, Mélanthius et Nicomaque, peintres célèbres entre tous, ont exécuté les immortels chefs-d'œuvre que l'on sait. Pour les blancs, le *melinum*; pour les jaunes, le *sil* attique; pour les rouges, la *sinopis* du Pont; pour les noirs, l'*atramentum*. (Traduction de J.-M. Croisille, Paris, Les Belles Lettres, 1997, p. 48-49.) Sur les passages de l'*Histoire naturelle* de Pline concernant l'art :

K. Jex-Blake et E. Sellers, *The Elder Pliny' Chapters on the History of Art*, 2e éd., Londres, 1968.

22. L. Brehier, « Les mosaïques à fond d'azur », dans *Études byzantines*, tome III, Paris, 1945, p. 46 et suivantes. Voir aussi les études de F. Dölger, notamment « Lumen Christi », dans *Antike und Christentum*, tome V, 1936, p. 10 et suivantes.

23. W. E. Gladstone, *Studies on Homer and the Homeric Age*, Oxford, 1858, tome III, p. 458-499 ; H. Magnus, *Histoire de l'évolution du sens des couleurs* (trad. J. Soury), Paris, 1878, p. 47-48 ; O. Weise, *Die Farbenbezeichungen bei der Griechen und Römern*, dans *Philologus*, tome XLVI, 1888, p. 593-605. En revanche, K. E. Goetz, « Waren die Römer blaublind », dans *Archiv für lateinische Lexicographie und Grammatik*, tome XIV, 1906, p. 75-88, et tome XV, 1908, p. 527-547, est d'un avis contraire.

24. H. Magnus, *Histoire de l'évolution du sens des couleurs*, p. 47-48.

25. Sur le vocabulaire grec des couleurs et les difficiles problèmes qu'il pose : L. Gernet, « Dénomination et perception des couleurs chez les Grecs », dans I. Meyerson, éd., *Problèmes de la couleur*, Paris, 1957, p. 313-326 ; C. Rowe, « Conceptions of Colour and Colour Symbolism in the Ancient World », dans *Eranos Jahrbuch*, 1972 (Leiden, 1974), p. 327-364.

26. Voir les exemples cités par K. Müller-Boré, *Stilistische Untersuchungen zum Farbwort und zur Verwendung der Farbe in der älteren griechischen Poesie*, Berlin, 1922, p. 30-31, 43-44 et *passim*.

27. Parmi les philologues partisans de ces thèses : W. E. Glastone, *op. cit.*, tome III, p. 458-499 ; A. Geiger, *Zur Entwicklungsgeschichte der Menschheit*, 2e éd., Stuttgart, 1878 ; H. Magnus, *op. cit.*, p. 61-87 ; T. R. Price, « The Color System of Virgil », dans *The American Journal of Philology*, 1883, p. 18 et suivantes. Parmi les opposants à ces thèses : F. Marty, *Die Frage nach der geschichtlichen Entwicklung des Farbensinnes*, Vienne, 1879 ; K. E. Goetz, « Waren die Römer blaublind », dans *Archiv für lateinische Lexicographie und Grammatik*, tome XIV, 1906, p. 75-88, et tome XV, 1908, p. 527-547. Une bonne synthèse des différents points de vue a été faite par W. Schulz, *Die Farbenempfindungsystem der Hellenen*, Leipzig, 1904.

28. Je pense à l'ouvrage de B. Berlin et P. Kay, *Basic Color Terms. Their Universality and Evolution,* Berkeley, 1969, qui dans les années 1970 a suscité de violentes controverses chez les linguistes, les anthropologues et les neurologues.

29. J. André, *op. cit.*, p. 162-183. L'étymologie qui rattache *caeruleus* à *caelum* (le ciel) ne résiste guère à l'analyse phonétique et philologique. Voir cependant les hypothèses de A. Ernout et A. Meillet, *Dictionnaire étymologique de la langue latine*, 4e éd., Paris, 1979, p. 84, qui proposent une forme ancienne (non attestée) *caeluleus.* Pour les auteurs du Moyen Âge, qui pratiquent l'étymologie à partir d'un savoir différent de celui des érudits du XXe siècle, le lien entre *ceruleus* et *cereus* va de soi.

30. Parmi une littérature abondante, voir surtout A. M. Kristol, *Color. Les Langues romanes devant le phénomène de la couleur*, Berne, 1978, p. 219-269. Pour l'ancien français et ses difficultés à nommer le bleu avant le milieu du XIIIe siècle, voir B. Schäfer, *Die Semantik der Farbadjective im Altfranzösischen*, Tübingen, 1987, p. 82-96. En ancien français, les confusions ou les hésitations ne sont pas rares entre les mots *bleu, blo, blef,* issus du germanique *blau* et signifiant « bleu », et le mot *bloi,* terme venu d'un bas-latin *blavus,* refait sur *flavus,* et signifiant « jaune ».

31. « *Omnes vero se Britanni vitro inficiunt, quod caeruleum efficit colorem, atque hoc horridiores sunt in pugna aspectu* » (César, *Guerre des Gaules*, V, 14, 2).

32. « *Simile plantagini glastum in Gallia vocatur, quo Brittanorum conjuges nurusque toto corpore oblitae, quibusdam in sacris et nudae incedunt, Aethiopum colorem imitantes* » (Pline l'Ancien, *Histoire naturelle*, XXII, 2, 1).

33. L. Luzzatto et R. Pompas, *Il significato dei colori nelle civiltà antiche*, Milan, 1988, p. 130-151.

34. J. André, *op. cit.*, p. 179-180.

35. *Ibid.*, p. 179.

36. « *Magnus, rubicundus, crispus, crassus, caesius / cadaverosa facie* » (III, 4, vers 440-441). Les traités de physiognomonie latins confirment pleinement ce discrédit des yeux bleus à Rome.

37. L'étude essentielle en ce domaine reste celle de M. Platnauer, « Greek Colour-Perception », dans *Classical Quaterly*, tome XV, 1921, p. 155-202. À compléter par H. Osborn, « Colour Concepts of the Ancient Greeks », dans *British Journal of Aesthetics*, tome VIII, 1968, p. 274-292.

38. On en trouvera la liste dans W. Kranz, « Die ältesten Farbenlehren der Griechen », dans *Hermes*, tome XLVII, 1912, p. 84-85.

39. Sur l'histoire médiévale des théories concernant la vision : D. C. Lindberg, *Theories of Vision from Al-Kindi to Kepler*, Chicago, 1976 ; K. Tachau, *Vision and Certitude in the Age of Ockham. Optics, Epistemology and the Foundations of Semantics (1250-1345)*, Leyden, 1988.

40. Voir les textes publiés par J. I. Beare, *Greek Theories of Elementary Cognition from Alcmaeon to Aristotle*, Londres, 1906, aini que l'ouvrage de D. C. Lindberg, cité à la note précédente.

41. Essentiellement *Timée*, paragraphes 67d-68d. Sur Platon et la couleur, voir surtout F. A. Wright, « A Note on Plato's Definition of Colour », dans *Classical Review*, tome XXXIII/4, 1919, p. 121-134.

42. Notamment par le *De sensu et sensato*, paragraphes 440a-442a. Le traité *De coloribus*, qui connaîtra une grande vogue au Moyen Âge et qui sera attribué à Aristote, n'est pas de lui, ni de Théophraste, mais de l'un ou de plusieurs parmi leurs disciples plus ou moins lointains. Il n'ajoute pas grand-chose aux théories d'Aristote, mais contribue à propager un classement linéaire des couleurs qui restera le plus répandu pendant plus d'un millénaire : blanc, jaune, rouge, vert, (bleu), violet, noir. Le bleu n'y est pas toujours présent. Voir l'excellente édition et traduction du texte grec par W. S. Hett dans *Aristotle, Minor Works*, Cambridge, 1936, p. 3-45 (*Loeb Classical Library*, vol. XIV).

43. D. E. Hahm, « Early Hellenistic Theories of Vision and the Perception of Colour », dans P. Machamer et R. G. Turnbull, éd., *Perception : Interrelations in the History and Philosophy of Science*, Berkeley, 1978, p. 12-24.

44. Aristote ajoute même un quatrième paramètre, l'air, ce qui lui permet de situer le « phénomène couleur » à l'interaction des quatre éléments de quoi tout se compose : le feu lumineux, la matière (= la terre) des objets, les humeurs (= l'eau) de l'œil et l'air jouant le rôle modulateur de médium optique. Voir *Météorologiques*, paragraphes 372a-375a.

45. Voir les textes rassemblés par G. M. Stratton, *Theophrastus and the Greek Physiological Psychology before Aristotle*, Londres, 1917.

46. *Météorologiques*, p. 372-376 et *passim*.

47. Sur l'histoire des théories consacrées à l'arc-en-ciel : C. B. Boyer, *The Rainbow. From Myth to Mathematics*, New York, 1959 ; M. Blay, *Les Figures de l'arc-en-ciel*, Paris, 1995.

48. Voir W. Schultz, *Das Farbenempfindungssystem der Hellenen*, Leipzig, 104, p. 114 ; J. André, *Étude sur les termes de couleur dans la langue latine*, Paris, 1949, p. 13, qui voit dans l'emploi exceptionnel du mot *caeruleus* par Ammien Marcellin une allusion au violet ou à l'indigo (celui de Newton) et non pas au bleu proprement dit.

49. Robert Grosseteste, *De iride seu de iride et speculo*, éd. par L. Baur dans les *Beiträge zur Geschichte der Philosophie des Mittelalters*, tome IX, Münster, 1912, p. 72-78. Voir aussi : C. B. Boyer, « Robert Grosseteste on the Rainbow », dans *Osiris*, vol. 11, 1954, p. 247-258 ; B. S. Eastwood, « Robert Grosseteste's Theory of the Rainbow. A Chapter in the History of Non-Experimental Science », dans *Archives internationales d'histoire des sciences*, tome XIX, 1966, p. 313-332.

50. John Pecham, *De iride*, éd. D. C. Lindberg, *John Pecham and the Science of Optics. Perspectiva communis*, Madison (États-Unis), 1970, p. 114-123.

51. Roger Bacon, *Opus majus*, éd. J. H. Bridges, Oxford, 1900, partie VI, chapitres 2-11. Voir D. C. Lindberg, « Roger Bacon's Theory of the Rainbow. Progress or Regress ? », dans *Isis*, vol. 17, 1968, p. 235-248.

52. Thierry de Freiberg, *Tractatus de iride et radialibus impressionibus*, éd. M. R. Pagnoni-Sturlese et L. Sturlese, dans *Opera omnia*, tome IV, Hambourg, 1985, p. 95-268 (remplace la vieille édition, souvent citée, de J. Würschmidt constituant le tome XII des *Beiträge zur Geschichte der Philosophie des Mittelalters*, Münster, 1914).

53. Witelo, *Perspectiva*, éd. S. Unguru, Varsovie, 1991.

54. C'est entre le XIVe et le XVIIe siècle que la juxtaposition du vert et du rouge commence à être perçue comme un contraste relativement fort. Mais il faut attendre la mise en place définitive de la théorie des couleurs primaires et des couleurs complémentaires pour que le vert, complémentaire du rouge, devienne vraiment l'un de ses contraires et que ces deux couleurs constituent un couple d'opposition très fort. Cela n'est pas antérieur au tournant des XVIIIe-XIXe siècles. Par la suite, la signalisation – maritime, ferroviaire, routière – se sert à grande échelle de ce couple de contraires et contribue à en faire deux couleurs fortement contrastées.

55. Le seul personnage du haut Moyen Âge et encore du Moyen Âge central dont le surnom évoque la couleur bleue est le roi du Danemark, Harald à la dent bleue (v. 950-986), fils de Gorm l'Ancien. En revanche, les surnoms où figurent les mots « rouge », « blanc » et « noir » sont très nombreux (allusion à la couleur des cheveux, de la barbe ou de la peau, mais aussi au caractère ou au comportement).

56. Par exemple chez les premiers Pères, Ambroise et Grégoire le Grand (voir R. Suntrup, article cité, p. 454-456) ; puis au début du VIIe siècle l'*Expositio brevis liturgiae gallicanae* du Pseudo-Germain de Paris (éd. H. Ratcliff, 1971, p. 61-62) ; enfin et surtout, en raison de son immense diffusion, le *De ecclesiasticis officiis* d'Isidore de Séville (éd. H. Lawson, Turnhout, 1988, *Corpus Christianorum, series latina*, vol. 113).

57. Vincenzo Pavan, *La veste bianca battesimale,* indicium *escatologico nella Chiesa dei primi secoli*, dans *Augustinianum* (Rome), vol. 18, 1978, p. 257-271.

58. Le blanchiment à base de chlore et de chlorures n'existe pas avant la fin du XVIIIe siècle, ce corps n'ayant été découvert qu'en 1774. Celui à base de soufre est connu au Moyen Âge mais, mal maîtrisé, il abîme la laine et la soie. Il faut en effet plonger l'étoffe pendant une journée dans un bain dilué d'acide sulfureux : s'il y a trop d'eau, le blanchiment est peu efficace ; s'il y a trop d'acide, l'étoffe est attaquée.

59. Deux grands traités de liturgie de l'époque carolingienne n'en parlent pas : le *De clericorum institutione* de Raban Maur (éd. Knöpfler, Munich, 1890) et le *Liber de exordiis et incremen-*

tis quarumdam in observationibus ecclesiasticis rerum de Walafrid Strabon (éd. Knöpfler, Munich, 1901). En revanche, le *Liber officialis* d'Amalaire de Metz (éd. J. M. Hanssens, Rome, 1948), compilé entre 831 et 843, est prolixe sur la couleur blanche, qui selon lui purifie de tous les péchés.

60. Michel Pastoureau, *l'Étoffe du Diable. Une histoire des rayures et des tissus rayés*, Paris, 1991, p. 17-47.

61. « *In candore vestium innocentia, castitas, munditia vitae, splendor mentium, gaudium regenerationis, angelicus decor* » : telle est la symbolique du blanc mise en avant par saint Ambroise et reprise par Alcuin dans une lettre à propos du baptême : *M. G. H.*, *Ep.* IV, 202, p. 214-215.

62. L'un de ces textes, peut-être compilé dès la fin du Xe siècle et intéressant à plus d'un titre, a été édité par J. Moran, *Essays on the Early Christian Church*, Dublin, 1864, p. 171-172.

63. Honorius Augustodunensis, *De divinis officiis ; Sacramentarium* (= P. L. 172) ; Rupert de Deutz, *De divinis officiis* (éd. J. Haacke, Turnhout, 1967, *Corpus christianorum, continuatio mediaevalis*, vol. 7) ; Hugues de Saint-Victor, *De sacramentis christianae fidei*, etc. (= P. L. 175-176) ; Jean d'Avranches, *De officiis ecclesiasticis* (éd. H. Delamare, Paris, 1923) ; Jean Beleth, *Summa de ecclesiasticis officiis* (éd. R. Reynolds, Turnhout, 1976, *Corpus christianorum, continuatio mediaevalis*, vol. 41).

64. *Virginitas, munditia, innocentia, castitas, vita immaculata*, tels sont les mots qu'ils associent le plus fréquemment au blanc.

65. *Poenitentia, contemptus mundi, mortificatio, maestitia, afflictio.*

66. *Passio, compassio, oblatio passionis, crucis signum, effusio sanguinis, caritas, misericordia.* Voir par exemple les gloses d'Honorius dans son *Expositio in cantica canticorum* (P. L., tome 172, col. 440-441), reprises et complétées un peu plus tard par Richard de Saint-Victor, *In cantica canticorum explicatio*, chapitre XXXVI (P. L., tome 196, col. 509-510).

67. P. L., tome 217, col. 774-916 (couleurs = col. 799-802).

68. Cette dernière notation est particulièrement étonnante, le vert et le jaune n'entretenant absolument aucune relation dans les systèmes chromatiques médiévaux avant le XVe siècle.

69. On trouvera sur ces questions des développements plus détaillés dans mon étude « L'Église et la couleur des origines à la Réforme », dans *Bibliothèque de l'École des chartes*, tome 147, 1989, p. 203-230.

70. Sur l'esthétique de Suger et sur son attitude face à la lumière et à la couleur : P. Verdier, « Réflexions sur l'esthétique de Suger », dans *Mélanges E. R. Labande*, Paris, 1975, p. 699-709 ; L. Grodecki, *les Vitraux de Saint-Denis. Histoire et restitution*, Paris, 1976 ; E. Panofsky, *Abbot Suger on the Abbey Church of St. Denis and its Art Treasure*, 2e éd., Princeton, 1979 ; S. M. Crosby *et alii*, *The Royal Abbey of St. Denis in the Time of Abbot Suger (1122-1151)*, New York, 1981.

71. Voir par exemple les pages 213-214 de l'édition donnée par A. Lecoy de la Marche, Paris, 1867. Le chapitre XXXIV est entièrement consacré aux vitraux ; Suger y remercie Dieu de lui avoir permis de trouver une splendide *materia saphirorum* pour illuminer sa nouvelle église abbatiale.

72. Sur Suger et les nouvelles conceptions de la lumière dans la première moitié du XIIe siècle, on verra aussi, outre les travaux cités aux notes précédentes, J. Gage, *Color and Culture. Practice and Meaning from Antiquity to Abstraction*, Londres, 1993, p. 69-78.

73. Sur l'attitude de saint Bernard à l'égard de la couleur, M. Pastoureau, « Les Cisterciens et la couleur au XIIe siècle », dans *Cahiers d'archéologie et d'histoire du Berry*, vol. 136, 1998, p. 21-30 (actes du colloque « L'ordre cistercien et le Berry », Bourges, 1998).

74. Notons que cette étymologie rattachant le mot *color* à la famille du verbe *celare* est celle qui est aujourd'hui acceptée par la plupart des philologues. Voir par exemple A. Walde et J. B. Hofman, *Lateinisches etymologisches Wörterbuch*, 3e éd., Heidelberg, 1934, tome III, p. 151-154, ainsi que A. Ernout et A. Meillet, *Dictionnaire étymologique de la langue latine*, 4e éd. Paris, 1959, p. 133. Notons également qu'Isidore de Séville (*Etymologiae*, livre XIX, paragraphe 17, 1) rattache quant à lui le mot *color* au terme *calor* (chaleur) et souligne comment la couleur naît du feu ou du soleil : *Colores dicti sunt quod calore ignis vel sole perficiuntur.*

75. Pour l'historien, la question devient complexe et passionnante lorsque ce prélat est aussi théologien et homme de science. C'est le cas de Robert Grosseteste (1175-1253), l'un des plus grands savants du siècle, fondateur de la pensée scientifique à l'université d'Oxford, longtemps principal maître franciscain en cette ville, puis porté en 1235 sur le siège de l'évêché de Lincoln (le plus étendu et le plus peuplé d'Angleterre). Il vaudrait la peine d'étudier dans le détail les liens qui peuvent avoir existé à propos de la couleur entre les idées de l'homme de science, qui a étudié l'arc-en-ciel et la réfraction de la lumière, la pensée du théologien, qui fait de la lumière l'origine de tous les corps, et les décisions du prélat bâtisseur qui dans la cathédrale de Lincoln et ailleurs se soucie des lois mathématiques et optiques. Voir : D. A. Callus (éd.), *Robert Grosseteste Scholar and Bishop*, Oxford, 1955 ; R. W. Southern, *Robert Grosseteste : the Growth of an English Mind in medieval Europe*, Oxford, 1972 ; J. J. Mc Evoy, *Robert Grosseteste, Exegete and Philosopher*, Aldershot (G.-B.), 1994 ; N. Van Deusen, *Theology and Music at the Early University : the Case of Robert Grosseteste*, Leiden, 1995 ; ainsi que, encore et toujours, le beau livre d'A. C. Crombie, *Robert Grosseteste and the Origins of Experimental Science (1100-1700)*, 2e éd., Oxford, 1971. Ces mêmes interrogations pourraient également concerner John Pecham (v. 1230-1292), autre savant franciscain, qui fut maître à Oxford, qui nous a laissé le traité d'optique le plus lu jusqu'à la fin du Moyen Âge (la *Perspectiva communis*) et qui passa les quinze dernières années de sa vie sur le trône archiépiscopal de Canterbury, primat d'Angleterre. Sur John Pecham, on lira la suggestive introduction de D. C. Lindberg à l'édition critique de la *Perspectiva communis :* D. C. Lindberg, *John Pecham and the Science of Optics. Perspectiva communis*, Madison (États-Unis), 1970. Sur les Franciscains oxoniens du XIIIe siècle, y compris Grosseteste et Pecham, on verra aussi : D. E. Sharp, *Franciscan Philosophy at Oxford in the Thirteenth Century*, Oxford, 1930 ; A. G. Little, « The Franciscan School at Oxford in the Thirteenth Century », dans *Archivum Franciscanum Historicum*, vol. 19, 1926, p. 803-874.

76. Ainsi, dans le cortège des funérailles, la *toga pulla* pour les hommes et la *palla pulla* pour les femmes. Voir J. André, *Étude sur les termes de couleur dans la langue latine*, Paris, 1949, p. 72.

77. Sur le bleu de Chartres et, d'une manière plus générale, sur le bleu dans le vitrail roman : R. Sowers, « On the Blues of Chartres », dans *The Art Bulletin*, vol. XLVIII/2, 1966, p. 218-225 ; L. Grodecki, *les Vitraux de Saint-Denis*, tome I, Paris, 1976, *passim*, et *le Vitrail roman*, Fribourg, 1977, p. 26-27 et *passim*; J. Gage, *op. cit.*, p. 71-73.

78. L. Grodecki et C. Brisac, *le Vitrail gothique au XIIIe siècle*, Fribourg, 1984, p. 138-148 et *passim*. Sur les relations entre couleur et vitrail, on lira les remarques de F. Perrot, « La couleur et le vitrail », dans *Cahiers de civilisation médiévale*, juillet-septembre 1996, p. 211-216, qui se demande avec pertinence si la notion de luminosité est bien la même au Moyen Âge et aujourd'hui, voire au XIIe siècle et à la fin du Moyen Âge.

79. M. Pastoureau, « *Ordo colorum*. Notes sur la naissance des couleurs liturgiques », dans *La Maison-Dieu. Revue de pastorale liturgique*, vol. 176, 4e trimestre 1988, p. 54-66 ; ici p. 62-63.

80. Ce que souligne sans doute l'emploi d'un vocabulaire spécifique pour désigner ces couleurs héraldiques. Ainsi en ancien français et en anglo-normand les termes *gueules* (rouge), *azur* (bleu), *sable* (noir), *or* (jaune) et *argent* (blanc).

81. Pendant la même période, l'indice de fréquence du *gueules* (rouge) va décroissant : 60 % vers 1200, 50 % vers 1300, 40 % vers 1400. Sur tous ces chiffres je renvoie aux tableaux que j'ai publiés dans mon *Traité d'héraldique*, Paris, 1993, p. 113-121, ainsi qu'à mon étude « Vogue et perception des couleurs dans l'Occident médiéval : le témoignage des armoiries », dans *Actes du 102e congrès national des sociétés savantes. Section de philologie et d'histoire* (Limoges, 1977), Paris, 1979, tome II, p. 81-102.

82. *Ibid.*, p. 114-116.

83. Voir les différentes études que j'ai réunies dans *l'Hermine et le Sinople*, Paris, 1982, p. 261-314, et dans *Figures et Couleurs. Étude sur la sensibilité et la symbolique médiévales*, Paris, 1986, p. 177-207.

84. Non seulement l'écu mais aussi la cotte d'armes du chevalier, sa bannière et la housse de son cheval sont monochromes et se voient donc de fort loin. C'est pourquoi les textes parlent de *chevalier vermeil*, de *chevalier blanc*, de *chevalier noir*, etc.

85. Le choix du mot qui qualifie la couleur rouge apporte parfois une précision supplémentaire : un chevalier *vermeil* est ainsi de haute naissance (tout en restant un personnage inquiétant) ; un chevalier *affoué* (du latin *affocatus*) est un coléreux ; un chevalier *sanglant* est cruel et porteur de mort ; un chevalier *roux* est félon et hypocrite.

86. Il existe deux noirs dans la symbolique et la sensibilité de l'époque féodale : un noir négatif, qui a à voir avec le deuil, la mort, le péché ou les enfers ; et un noir valorisant, qui est signe d'humilité, de dignité ou de tempérance. Ce dernier noir est le noir monastique.

87. Au XIVe siècle, en revanche, certains chevaliers blancs des textes littéraires deviendront quelque peu inquiétants et entretiendront des rapports ambigus avec la mort et le monde des revenants. Mais cela est inconnu avant 1320-1340 (sauf peut-être dans les littératures de l'Europe du Nord).

88. Voir le recensement complet de ces chevaliers arthuriens monochromes dans G. J. Brault, *Early Blazon. Heraldic Terminology in the XIIth and the XIIIth Centuries, with special Reference to Arthurian Literature*, Oxford, 1972, p. 31-35. Voir aussi les exemples cités par M. de Combarieu, « Les couleurs dans le cycle du *Lancelot-Graal* », dans *Senefiance*, n° 24, 1988, p. 451-588.

89. Voir l'édition en cours de J. H. M. Taylor et G. Roussineau, Genève, 1979-1992, 4 volumes parus, ainsi que la thèse de J. Lods, *le Roman de Perceforest*, Lille et Genève, 1951.

90. Voir G. J. Brault, *op. cit.*, p. 32.

91. Édition par N. R. Cartier, « Le bleu chevalier », dans *Romania*, tome 87, 1966, p. 289-314.

92. Sur la naissance des armoiries du roi de France : H. Pinoteau, « La création des armes de France au XIIe siècle », dans *Bulletin de la Société nationale des antiquaires de France*, 1980-1981, p. 87-99 ; B. Bedos, « Suger and the Symbolism of Royal Power : the Seal of Louis VII », dans *Abbot Suger and Saint-Denis. A Symposium*, New York, 1981 (1984), p. 95-103 ; M. Pastoureau, « La diffusion des armoiries et les débuts de l'héraldique (vers 1175-vers 1225), dans Colloques internationaux du CNRS, *la France de Philippe Auguste*, Paris (1980), 1982, p. 737-760, et « Le roi des lis. Emblèmes dynastiques et symboles royaux », dans Archives nationales, *Corpus des sceaux français du Moyen Âge*, tome II : *les Sceaux de rois et de régence*, Paris, 1991, p. 35-48.

93. Pareille évolution sur la promotion héraldique de l'azur se rencontre dans les armoiries littéraires et imaginaires (héros de chansons de geste et de romans courtois, figures bibliques ou mythologiques, saints et personnes divines, vices et vertus personnifiés), mais à un rythme plus lent. Ces armoiries littéraires et imaginaires sont toujours symboliquement plus riches que les armoiries véritables. Sur les armoiries littéraires et la place du bleu dans l'héraldique arthurienne : G. J. Brault, *Early Blazon*, Oxford, 1972, p. 31-35 ; M. Pastoureau, « La promotion de la couleur bleue au XIIIe siècle : le témoignage de l'héraldique et de l'emblématique », dans *Il colore nel medioevo. Arte, simbolo, tecnica. Atti delle Giornate di studi (Lucca, 5-6 maggio 1995)*, Lucca, 1996, p. 7-16.

94. G. De Poerck, *la Draperie médiévale en Flandre et en Artois. Techniques et terminologie*, Gand, 1951, tome I, p. 150-168.

95. La Normandie semble avoir été une des régions les plus précoces dans la demande nouvelle des bleus vestimentaires. Dès le début du XIIIe siècle, à Rouen et à Louviers, les teinturiers consomment une quantité considérable de guède, importée de la Picardie voisine. Voir M. Mollat du Jourdain, « La draperie normande », dans Istituto internazionale di storia economica F. Datini (Prato), *Pruduzione, commercio e consumo dei panni di lana (XIIe-XVIIe s.)*, Florence, 1976, p. 403-422, et spécialement p. 419-420. Contrairement à Rouen, Caen reste longtemps fidèle aux draps rouges qui l'avait enrichi au XIIe siècle. Jusqu'à la fin du Moyen Âge, on oppose en Normandie les bleus de Rouen aux rouges de Caen.

96. J. Le Goff, *Saint Louis*, Paris, 1996, p. 136-139. Après son retour de croisade et en raison de la volonté d'ascèse (ou de forte tempérance) qui l'habite désormais en tous domaines, il est probable que le goût affiché par Saint Louis pour le bleu vestimentaire soit tout autant moral que royal. Grâce à Joinville et à plusieurs autres biographes du saint roi, nous savons qu'à l'horizon des années 1260 ce dernier décida de chasser « l'écarlate et le vair » (certains auteurs ont lu un peu trop rapidement « le rouge et le vert ») de son vêtement, preuve patente de son refus des étoffes trop riches et sans doute des teintes trop voyantes. Voir Joinville, *op. cit.*, paragraphes 35-38. Sur ce souci nouveau d'austérité vestimentaire chez le saint roi, voir également J. Le Goff, *ibid.*, p. 626-628.

97. G. J. Brault, *Early Blazon*, Oxford, 1972, p. 44-47 ; M. Pastoureau, *Armorial des chevaliers de la Table ronde*, Paris, 1983, p. 46-47.

98. À Florence, la vogue des bleus patriciens semble plus précoce qu'à Milan, à Gênes et surtout qu'à Venise. Dès la seconde moitié du XIIIe siècle, le splendide *scarlatto* et le joyeux *vermiglio* y sont concurrencés par des tons bleus de diverses nuances : *persio, celeste, celestino, azzurino, turchino, pagonazzo, bladetto.* Voir H. Hoshino, *L'arte della lana in Firenze nel basso medioevo*, Florence, 1980, p. 95-97.

99. Bien que les deux mots s'emploient souvent l'un pour l'autre, en français moderne *guède* est le plus souvent réservé au nom de la plante, et *pastel*, à celui de la matière tinctoriale que l'on en tire.

100. E. M. Carus-Wilson, « La guède française en Angleterre. Un grand commerce au Moyen Âge », dans *Revue du Nord*, 1953, p. 89-105. Jusqu'au début du XIVe siècle, cette guède française exportée vers l'Angleterre provient surtout de Picardie et de Normandie (région de Bayeux et de Rouen). Elle fait la fortune de villes comme Amiens et Corbie. Par la suite, jusqu'au milieu du XVIe siècle, c'est le Languedoc toulousain qui exporte massivement son pastel vers l'Angleterre. Il profite du déclin de la culture de la guède non seulement en Angleterre même, mais aussi en Normandie, en Brabant et en Lombardie. Outre-Manche, le pastel est après le vin le second produit importé de France. Voir plus loin au chapitre III les développements consacrés au triomphe puis au déclin du pastel en Languedoc et en Thuringe, du XIVe au XVIIe siècle.

101. F. Lauterbach, *Der Kampf des Waides mit dem Indigo*, Leipzig, 1905, p. 23. Avant d'étudier les conflits entre marchands de guède et marchands d'indigo au début de l'époque moderne, cet auteur donne quelques informations intéressantes sur les rivalités entre guède et garance en Thuringe aux XIIIe et

XIVe siècles. Voir aussi les pertinentes remarques de H. Jecht, « Beiträge zur Geschichte des ostdeutschen Waidhandels und Tuchmachergewerbes », dans *Neues Lausitzisches Magazin*, vol. 99, 1923, p. 55-98, et vol. 100, 1924, p. 57-134.

102. *Ibid.*, vol. 99, 1923, p. 58.

103. J. B. Weckerlin, *le Drap « escarlate » du Moyen Âge. Essai sur l'étymologie et la signification du mot écarlate, et notes techniques sur la fabrication de ce drap de laine au Moyen Âge*, Lyon, 1905.

104. Aux XVe et XVIe siècles, en milieu de cour, les tons violets et cramoisis commencent à remplacer la plupart des tons rouges, notamment dans le vêtement masculin.

105. À Paris, la plus ancienne mention du chef-d'œuvre à réaliser en bleu et non plus en rouge se trouve dans un nouveau texte des statuts des teinturiers promulgué sur ordre du roi François Ier en 1542 : « (...) et ne pourront lesdits serviteurs ou apprentiz susdiz lever ledit mestier sans premierement estre examinez et experimentez par les quatre jurez et gardes dudit mestier et marchandise, et qu'ils saichent faire et asseoir une cuve de flerée ou de indée et user la cuve bien et duement; et après leursditz chefs d'œuvres faictz de tous poinctz seront monstrez aux maistres jurez et gardes dudit mestier, lesquels après avoir iceulz veuz et trouvez bons en feront leur raport en la manière acoustumée dedanz vingt quatre heures après la visitation faicte » (Archives nationales Y6, pièce V, fol. 98, article 2). La *flerée* est une cuve de bleu pour le petit teint, l'*indée*, une cuve de bleu pour le grand teint, toutes deux à base de pastel. Cette disposition relative à la réalisation du chef-d'œuvre sera reprise par la plupart des statuts et réglements ultérieurs.

106. Les plus anciens statuts conservés réglementant le métier de teinturier sont ceux de Venise. Ils datent de l'année 1243, mais il est probable que dès la fin du XIIe siècle ces teinturiers étaient déjà regroupés en une *confraternità*. Voir Franco Brunello, *L'arte della tintura nella storia dell'umanita*, Vincenza, 1968, p. 140-141. On trouvera dans l'immense recueil de G. Monticolo, *I capitolari delle arti veneziane...*, Rome, 1896-1914, 4 volumes, une grande quantité d'informations concernant les métiers de la teinturerie à Venise, du XIIIe au XVIIIe siècle. Au Moyen Âge, les teinturiers vénitiens semblent avoir été beaucoup plus libres que ceux qui travaillaient dans d'autres villes d'Italie, notamment à Florence et à Lucques. Pour cette dernière ville, nous avons conservé des statuts presque aussi anciens que ceux de Venise : 1255. Voir P. Guerra, *Statuto dell'arte dei tintori di Lucca del 1255*, Lucca, 1864.

107. Le gros et savant ouvrage de Franco Brunello cité à la note précédente concerne davantage l'histoire chimique et technique des teintures que l'histoire sociale et culturelle des teinturiers. Les pages consacrées au Moyen Âge sont en outre décevantes par rapport aux travaux postérieurs de cet auteur sur cette même période. Je pense notamment à son livre sur l'ensemble des corps de métiers vénitiens : *Arti e mestieri a Venezia nel medievo e nel Rinascimento*, Vicenza, 1980 ; ou bien à ses travaux portant sur les pigments utilisés par les enlumineurs : « *De arte illuminandi* » *e altri trattati sulla tecnica della miniatura medievale*, Vicenza, 2e éd., 1992. De même, l'ouvrage de E. E. Ploss, *Ein Buch von alten Farben. Technologie der Texilfarben im Mittelalter*, maintes fois réimprimé : 6e éd., Munich, 1989, s'attache davantage aux recettes et aux réceptaires (concernant aussi bien la peinture que la teinture, ce que ne dit pas le sous-titre de l'ouvrage) qu'aux artisans qui les utilisent.

108. Voir notamment l'ouvrage de G. De Poerck, *la Draperie médiévale en Flandre et en Artois*, Bruges, 1951, 3 volumes (spécialement tome I, p. 150-194). Pour ce qui est des matières et des techniques tinctoriales, en revanche, on évitera de suivre toutes les affirmations de cet auteur (notamment dans le tome I, p. 150-194) : non seulement il est beaucoup plus philologue qu'historien des techniques et des métiers, mais surtout sa science n'est pas, ou guère, tirée des documents médiévaux eux-mêmes ; elle trouve sa source principale dans des ouvrages des XVIIe et XVIIIe siècles. Ce qui le conduit parfois à décrire comme médiévales des pratiques uniquement en usage à l'époque moderne.

109. Pour les étoffes de basse qualité, celles que les textes latins qualifient de *panni non magni precii*, il peut arriver que la laine soit teinte quand elle est en flocons, notamment lorsqu'elle est destinée à être mêlée à une autre matière textile.

110. R. de Lespinasse et F. Bonnardot, *le Livre des métiers* *d'Etienne Boileau*, Paris, 1879, p. 95-96, articles XIX et XX. Voir aussi R. de Lespinasse, *les Métiers et corporations...*, tome III, p. 113. Le texte original du privilège accordé par la reine Blanche lorsqu'elle était régente n'a pas été retrouvé.

111. *Traité de police* rédigé par Delamare, conseiller-commissaire du roi au Châtelet, 1713, p. 620. J'emprunte cet extrait et le suivant au mémoire de DEA de Juliette Debrosse, *Recherches sur les teinturiers parisiens du XVIe au XVIIIe siècle*, Paris, EPHE (IVe section), 1995, p. 82-83.

112. *Traité de police, ibid., p.* 626.

113. Je remercie M. Denis Hue qui m'a communiqué cette information tirée du manuscrit Y16 de la Bibliothèque municipale de Rouen : le 11 décembre 1515, les autorités municipales établissent un calendrier (et même un « horaire ») d'accès aux eaux propres de la Seine pour les teinturiers de guède (bleu) et ceux de garance (rouge).

114. Outre leur spécialisation par couleurs et par matières colorantes, les teinturiers se distinguent aussi par le textile qu'ils traitent (laine ou soie, parfois lin et, en Italie, coton) et par les procédés de mordançage qu'ils utilisent : les teinturiers « de bouillon » – c'est-à-dire d'eau chaude – mordancent fortement, et les teinturiers « de cuve » ou « de bleu » ne mordancent pas ou très peu.

115. En Allemagne, Magdebourg est le grand centre de production et de distribution de la garance (tons rouges) et Erfurt, celui de la guède (tons bleus). La rivalité entre les deux villes est très forte aux XIIIe et XIVe siècles, lorsque les tons bleus, nouvellement mis à la mode, font une concurrence de plus en plus grande aux tons rouges. Toutefois, à partir de la fin du XIVe siècle, la grande ville teinturière d'Allemagne, la seule qui à l'échelle internationale puisse être comparée à Venise ou à Florence, est Nuremberg.

116. R. Scholz, *Aus der Geschichte des Farbstoffhandels im Mittelalter*, Munich, 1929, p. 2 et *passim*; F. Wielandt, *Das Konstanzer Leinengewerbe. Geschichte und Organisation*, Constance, 1950, p. 122-129.

117. Lévitique **19**, 19 et Deutéronome **22**, 11. Sur ces interdictions bibliques des mélanges, la bibliographie est abondante mais souvent décevante. Les travaux qui semblent ouvrir à l'historien les perspectives les plus fructueuses sont ceux de l'anthropologue Mary Douglas consacrés au thème du pur et de l'impur. Voir par exemple son ouvrage *Purity and Danger*, nouv. éd., Londres, 1992; traduction française: *De la souillure. Essai sur les notions de pollution et de tabou*, Paris, 1992.

118. M. Pastoureau, *l'Étoffe du Diable. Une Histoire des rayures et des tissus rayés*, Paris, 1991, p. 9-15.

119. R. Scholz, *op. cit.*, p. 2-3, confirme qu'il n'a jamais rencontré un recueil allemand de recettes destinées aux teinturiers qui expliquerait que pour faire du vert il faille mélanger ou superposer du bleu et du jaune. Pour ce faire, il faut vraiment attendre le XVIe siècle (ce qui ne veut pas dire qu'on ne l'ait pas fait expérimentalement dans tel ou tel atelier avant cette date): M. Pastoureau, « La Couleur verte au XVIe siècle: traditions et mutations », dans Jones-Davies (M.-T.), éd., *Shakespeare. Le monde vert: rites et renouveau*, Paris, Les Belles Lettres, 1995, p. 28-38.

120. Aristote n'a consacré aucun ouvrage spécial à la couleur. Mais celle-ci est présente de manière dispersée dans plusieurs de ses œuvres, notamment dans le *De anima*, dans les *Libri Meteorologicorum* (à propos de l'arc-en-ciel), dans les ouvrages de zoologie et surtout dans *De sensu et sensato*. Ce traité est peut-être celui où ses idées sur la nature et la perception des couleurs sont exposées le plus clairement. Au Moyen Âge, circule un traité spécialement consacré à la nature et à la vision des couleurs, le *De coloribus*. Il est attribué à Aristote et donc souvent cité, glosé, copié et recopié. Toutefois, ce traité n'est pas dû à Aristote, ni même à Théophraste, mais probablement à une école péripatéticienne tardive. Il exerça une grande influence sur le savoir encyclopédique du XIIIe siècle, notamment sur le dix-neuvième livre du *De proprietatibus rerum* de Barthélemy l'Anglais, pour moitié consacré aux couleurs. On trouvera une bonne édition du texte grec de ce traité donnée par W. S. Hett dans la *Loeb Classical Library*: Aristotle, *Minor Works*, tome XIV, Cambridge (Mass.), 1980, p. 3-45. Le texte latin, quant à lui, a été souvent édité avec les *Parva naturalia*. Sur Barthélemy l'Anglais et la couleur: M. Salvat, « Le traité des couleurs de Barthélemy l'Anglais », dans *Senefiance*, n° 24 *(Les couleurs au Moyen Âge)*, Aix-en-Provence, 1988, p. 359-385.

121. Sur ces interdictions, G. De Poerck, *op. cit.*, tome I, p. 193-198. Dans la pratique, il peut arriver que ces interdictions soient transgressées. Si en effet on ne mélange pas dans la même cuve deux matières colorantes différentes, si même on ne plonge pas une même étoffe dans deux bains de teinture successifs de deux couleurs différentes pour en obtenir une troisième, il existe néanmoins une tolérance pour les draps de laine mal teints : quand la première teinture n'a pas donné ce que l'on espérait (ce qui arrive relativement souvent), il est permis de replonger ce même drap dans un bain de teinture plus foncée, en général du gris ou du noir (à base d'écorces et de racines d'aulne ou de noyer) pour tenter de corriger les défauts des premiers bains.

122. G. Espinas, *Documents relatifs à la draperie de Valenciennes au Moyen Âge*, Lille, 1931, p. 130, pièce n° 181.

123. Je me suis déjà attardé sur ces problèmes dans d'autres études (*Couleurs, images, symboles*, Paris, 1989, p. 24-39, et « Du bleu au noir. Ethiques et pratiques de la couleur à la fin du Moyen Âge », dans *Médiévales*, tome XIV, 1988, p. 9-22) mais j'y reviendrai un peu plus loin à propos des lois somptuaires, car c'est un élément essentiel des systèmes de valeurs médiévaux.

124. Sur les recueils de recettes du Moyen Âge et du XVIe siècle destinés aux teinturiers, voir l'ouvrage de E. E. Ploss, cité ci-dessus à la note 107. Voir aussi le projet d'une banque de donnée générale de tous les réceptaires, ci-dessous note 126.

125. *Liber magistri Petri de Sancto Audemaro de coloribus faciendis*, éd. M. P. Merrifield, *Original Treatises dating from the XIIth to the XVIIIth on the Art of Painting...*, Londres, 1849, p. 129. Sur ces questions on consultera avec profit la thèse d'École des chartes (1995) d'Inès Villela-Petit, *la Peinture médiévale vers 1400. Autour d'un manuscrit de Jean Le Bègue.* Cette thèse n'a malheureusement pas encore été publiée.

126. Un projet de banque de données réunissant toutes les recettes médiévales concernant la couleur (teinture et peinture) est à l'étude ; l'instigatrice en est Francesca Tolaini, étudiante chercheuse à l'École normale supérieure de Pise. Voir : F. Tolaini,

« Una banca dati per lo studio dei ricettari medievali di colori », dans *Centro di Ricerche Informatische per i Beni Culturale (Pisa). Bollettino d'informazioni*, vol. V, 1995, fasc. 1, p. 7-25.

127. Sur l'histoire des réceptaires et les difficultés qu'elle soulève, voir les remarques pertinentes de R. Halleux, « Pigments et colorants dans la *Mappae Clavicula* », dans B. Guineau, éd., *Colloque international du CNRS. Pigments et colorants de l'Antiquité et du Moyen Âge*, Paris, 1990, p. 173-180.

128. L'histoire de cette « rivalité » de plus en plus forte entre le rouge et le bleu se lit très bien dans les traités et manuels de teinturerie compilés ou publiés à Venise entre la fin du XVe siècle et le début du XVIIIe. Dans un réceptaire vénitien des années 1480-1500 conservé à la bibliothèque municipale de Côme (G. Rebora, *Un manuale di tintoria del Quattrocento*, Milan, 1970), 109 des 159 recettes proposées sont consacrées à la teinture en rouge. Cette proportion est à peu près la même dans le célèbre *Plictho* de Rosetti publié à Venise en 1540 (S. M. Evans et H. C. Borghetty, *The « Plictho » of Giovan Ventura Rosetti*, Cambridge (Mass.) et Londres, 1969). Mais les recettes de rouges vont diminuant au profit des bleus dans les nouvelles et nombreuses éditions du *Plictho* données tout au long du XVIIe siècle. Dans celle de 1672, publiée chez les Zattoni, le bleu a même rattrapé le rouge. Et il le devance nettement dans le *Nuovo Plico d'ogni sorte di tinture* de Gallipido Tallier, paru, toujours à Venise, chez Lorenzo Basegio en 1704.

129. La thèse encore inédite d'Inès Villela-Petit citée à la note 125 attire l'attention sur ces questions à propos de la peinture française et italienne du XVe siècle et analyse avec pertinence l'exemple de Jacques Coene et des *Heures Boucicaut*, et celui de Michelino da Besozzo (p. 294-338).

130. Celui-ci, il est vrai, est constitué pour l'essentiel de notes de lectures que Léonard n'a sans doute pas eu le temps de mettre en forme (même si certains érudits estiment que sa pensée y est déjà pleinement à l'œuvre). Sur ce traité, dont le manuscrit est conservé à la Bibliothèque vaticane : A. Chastel et R. Klein, *Léonard de Vinci. Traité de la peinture*, Paris, 1960 ; 2e éd., 1987.

131. Ed. M. Goldschmidt, Tübingen, 1889, p. 285, vers 11014-11015.

132. Jean Froissart, *Poésies lyriques*, éd. V. Chichmaref, Paris, 1909, tome I, p. 235, vers 1-4.

133. S'il paraît indéniable qu'entre la fin du XIIe siècle et le milieu du XIIIe les teinturiers occidentaux ont fait des progrès considérables dans la teinture en bleu à base de guède, nous ignorons encore en quoi ces progrès ont véritablement consisté. Peut-être du reste ne s'agit-il pas d'une mutation concernant la technique tinctoriale mais d'une innovation concernant la production même du pastel. La méthode la plus ancienne, attestée déjà dans l'Antiquité, consiste à faire baigner dans l'eau chaude les feuilles de guède fraîches. Cela permet d'obtenir une eau bleuâtre dans laquelle on plonge la laine ou l'étoffe. Mais en procédant ainsi, le bain de teinture est faiblement concentré et il faut répéter l'opération plusieurs fois si l'on veut obtenir une couleur dense. Une méthode plus efficace, largement répandue à la fin du Moyen Âge, consiste à broyer les feuilles encore fraîches et à laisser fermenter et sécher lentement la pâte ainsi obtenue, puis à l'égoutter et la presser pour former des coques ou des boules (les fameuses « cocagnes » languedociennes). Ce procédé présente le triple avantage de conserver la matière tinctoriale beaucoup plus longtemps, de la transporter facilement et de disposer d'un produit nettement plus concentré. Peut-être est-ce le passage de la première méthode à la seconde qui explique les rapides progrès de la teinture en bleu au début du XIIIe siècle. Aucun document, malheureusement, ne permet de le confirmer.

134. Voir les remarques que j'ai faites à ce sujet dans mon article « Une histoire des couleurs est-elle possible ? », dans *Ethnologie française*, vol. 20/4, octobre-décembre 1990, p. 368-377.

135. On lira ou relira à ce sujet l'ouvrage fondamental de B. Berlin et B. Kay, *Basic Color Terms. Their Universality and Evolution*, Berkeley, 1969, et la critique non moins fondamentale qu'en a donnée G. C. Conklin, « Color Categorization », dans *The American Anthropologist*, tome LXXV/4, 1973, p. 931-942. Voir également S. Tornay, dir., *Voir et nommer les couleurs*, Nanterre, 1978.

136. D'Aristote jusqu'à Newton, le classement le plus fréquent des couleurs sur un axe linéaire est le suivant : blanc, jaune, rouge, vert, bleu, noir. Sur cet axe, le jaune se trouve plus près du blanc que du rouge (et non pas à mi-chemin), et le vert et le bleu sont très près du noir. D'où en fait le regroupement des six couleurs en trois zones : blanc-jaune / rouge / vert-bleu-noir.

137. *Rituels indo-européens à Rome*, Paris, 1954, p. 45-61. La formule est empruntée à l'historien Jean le Lydien (VIe siècle), qui l'emploie pour qualifier la division tripartite du peuple romain au début de son histoire.

138. Voir par exemple J. Grisward, *Archéologie de l'épopée médiévale*, Paris, 1981, p. 53-55 et 253-264.

139. J. Berlioz, « La petite robe rouge », dans *Formes médiévales du conte merveilleux*, Paris, 1989, p. 133-139.

140. Pensons au jeu d'échecs qui tout au long de son histoire a opposé soit un camp noir et un camp rouge, soit un camp rouge et un camp blanc, soit un camp blanc et un camp noir. Apparu aux Indes au VIe siècle de notre ère, le jeu se diffuse d'abord dans le monde indien puis musulman : il oppose alors des pièces noires et des pièces rouges (lesquelles se sont conservées en terre d'Islam jusqu'à aujourd'hui). Mais lorsque le jeu d'échecs pénètre en Occident aux environs de l'an mil, des pièces blanches remplacent rapidement les pièces noires car pour la culture occidentale l'opposition entre le rouge et le noir n'est guère pertinente. Cette opposition entre un camp rouge et un camp blanc sur les échiquiers européens dure jusqu'à la fin du Moyen Âge. Puis, lorsque après l'apparition de l'imprimerie et la diffusion massive d'images gravées en noir et blanc le couple noir-blanc commence à constituer un couple de contraires plus fort que rouge-blanc (ce qui n'était pas le cas à l'époque féodale), les pièces rouges sont peu à peu remplacées sur l'échiquier par des pièces noires.

141. J. M. Vincent, *Costume and Conduct in the Laws of Basel, Bern and Zurich*, Baltimore, 1935 ; M. Ceppari Ridolfi et P. Turrini, *Il mulino delle vanità. Lusso e cerimonie nella Siena medievale*, Sienne, 1996. Voir aussi les travaux cités à la note suivante.

142. Non pas que la bibliographie soit peu abondante, mais elle est décevante, à l'image du récent livre d'Alan Hunt, *Governance of the Consuming Passions. A History of Sumptuary Law*,

Londres et New York, 1996, d'où toute problématique historique est absente (cet ouvrage est du reste fort bref sur le Moyen Âge). Outre les deux livres cités à la note précédente, on lira surtout : F. E. Baldwin, *Sumptuary Legislation and Personal Relation in England*, Baltimore, 1926 ; L. C. Eisenbart, *Kleiderordnungen der deutschen Städte zwischen 1350-1700*, Göttingen, 1962 (probablement le meilleur travail jamais consacré aux lois vestimentaires) ; V. Baur, *Kleiderordnungen in Bayern von 14. bis 19. Jahrhundert*, Munich, 1975 ; D. O. Hugues, « Sumptuary Laws and Social Relations in Renaissance Italy », dans J. Bossy, éd., *Disputes and Settlements : Law and Human Relations in the West*, Cambridge (G.-B.), 1983, p. 69-99 ; et « La moda prohibita », dans *Memoria. Rivista di storia delle donne*, 1986, p. 82-105.

143. À dire vrai, le phénomène n'est pas neuf. Dans la Grèce et la Rome antiques déjà, on dépensait des fortunes pour se vêtir et pour teindre les étoffes. Plusieurs lois somptuaires ont vainement tenté d'y remédier (pour Rome, par exemple, voir la thèse de D. Miles, *Forbidden Pleasures : Sumptuary Laws and the Ideology of Moral Decline in the Ancient Rome*, Londres, 1987). Ovide, dans son *Art d'aimer* (III, 171-172), s'est moqué de ces femmes de magistrats et patriciens romains qui portaient sur elles des vêtements dont la couleur valait une fortune : « *Cum tot prodierunt pretio levore colores / Quis furor est census corpore ferre suos !* » (Alors qu'on trouve tant de couleurs d'un prix peu élevé / Quelle folie de porter sur soi toute sa fortune).

144. Voir, à propos des mariages et des funérailles à Sienne au XIVe siècle, les exemples cités par M. A. Crepari Ridolfi et P. Turrini, *op. cit.*, p. 31-75. D'une manière plus générale, sur cette folie du nombre à la fin du Moyen Âge, J. Chiffoleau, *la Comptabilité de l'au-delà : les hommes, la mort et la religion dans la région d'Avignon à la fin du Moyen Âge (vers 1320-vers 1480)*, Rome, 1981.

145. Par ailleurs, dans les pays d'Empire, il n'est pas rare que certaines couleurs ou associations de couleurs soient réservées à l'exercice de charges ou fonctions (ainsi le rouge pour la justice, le vert pour la chasse et plus tard pour la poste), et donc que l'emploi en soit limité ou interdit au commun des mortels.

Mais c'est surtout à l'époque moderne que ces interdictions, à mettre en relation avec la diffusion des « uniformes » et des « livrées », iront en se multipliant.

146. M. Pastoureau, *l'Étoffe du Diable. Une Histoire des rayures et des tissus rayés, op. cit.*, p. 17-37.

147. Des travaux nouveaux sur l'ensemble de ces marques discriminatoires et signes d'infamie seraient les bienvenus. En attendant une étude de synthèse, force est de renvoyer, encore et toujours, au médiocre travail d'Ulysse Robert, « Les signes d'infamie au Moyen Âge : juifs, sarrasins, hérétiques, lépreux, cagots et filles publiques », dans *Mémoires de la Société nationale des antiquaires de France*, t. 49, 1888, p. 57-172. On complétera et corrigera ce travail, aujourd'hui dépassé sur bien des points, par les informations dispersées qui ont été publiées dans les articles et ouvrages récemment consacrés aux prostituées, aux lépreux, aux cagots, aux Juifs, aux hérétiques et à tous les exclus et réprouvés de la société médiévale. Les notes qui suivent citent quelques-uns de ces travaux.

148. S. Grayzel, *The Church and the Jews in the XIIIth Century*, 2e éd., New York, 1966, p. 60-70 et 308-309. Notons cependant que ce même quatrième concile de Latran impose aussi aux prostituées le port de marques ou de pièces de vêtements spécifiques.

149. En Écosse, un règlement vestimentaire daté de 1457 prescrit aux paysans le port de vêtements gris pour les jours ordinaires et réserve le bleu, le rouge et le vert pour les seuls jours de fête. *Acts of Parliament of Scotland*, Londres, 1966, tome II, p. 49, paragraphe 13. Voir aussi, A. Hunt, *op. cit.*, p. 129.

150. Sur les marques vestimentaires et les signes distinctifs imposés aux prostituées : L. Otis, *Prostitution in Medieval Society. The History of an Urban Institution in Languedoc*, Chicago, 1985 ; J. Rossiaud, *la Prostitution médiévale*, Paris, 1988, p. 67-81 et 227-228 ; M. Perry, *Gender and Disorder in Early Modern Seville*, Princeton, 1990. Quelques éléments dispersés également dans : W. Dankert, *Unehrliche Leute. Die verfemten Berufe*, 2e éd. Munich et Ratisbonne, 1979, p. 146-164, R. Trexler, *Public Life in Renaissance Florence*, New York, 1980 ;

J. Richards, *Sex, Dissidence and Damnation. Minority Groups in the Middle Ages*, Londres, 1990.

151. Par exemple B. Blumenkranz ou R. Mellinkoff, dont les travaux sont par ailleurs importants. Parmi leur abondante production, citons : B. Blumenkranz, *le Juif médiéval au miroir de l'art chrétien*, Paris, 1966 ; *les Juifs en France. Écrits dispersés*, Paris, 1989. R. Mellinkoff, *Outcasts. Signs of Otherness in Northern European Art of the Late Middle Ages*, Berkeley, 1991, 2 volumes. On lira aussi avec prudence : A. Rubens, *A History of Jewish Costume*, Londres, 1967, et L. Finkelstein, *Jewish Self-Government in the Middle Ages*, nouv. éd., Wesport, 1972.

152. F. Singermann, *Die Kennzeichnung der Juden im Mittelalter*, Berlin, 1915 ; et surtout G. Kisch, « The Yellow Badge in History », dans *Historia Judaica*, vol. 19, 1957, p. 89-146. Il existe cependant de nombreuses exceptions à cette tendance allant vers une uniformisation autour de la couleur jaune. Ainsi à Venise, où le bonnet jaune se transforme peu à peu en bonnet rouge : B. Ravid, « From yellow to red. On the Distinguishing Head Covering of the Jews of Venice », dans *Jewish History*, vol. 6, 1992, fasc. 1-2, p. 179-210.

153. On trouvera une bibliographie abondante dans les deux articles de Kisch et Ravid cités à la note précédente. On se reportera également à la thèse, encore dactylographiée, de Danielle Sansy, *l'Image du Juif en France du Nord et en Angleterre du XIIe au XVe siècle*, Paris, Université de Paris X-Nanterre, 1993, tome II, p. 510-543. Du même auteur : « Chapeau juif ou chapeau pointu ? », dans *Symbole des Alltags. Alltag der Symbole. Festschrift für Harry Kühnel zum 65. Geburtstag*, Graz, 1992, p. 349-375.

154. C'est à dessein que j'emploie ici ce mot de « patricien » dont l'usage, pourtant commode (trop commode ?), est aujourd'hui évité ou rejeté par certains historiens. Ce terme a le mérite d'englober des réalités variées et de pouvoir s'appliquer aussi bien aux villes d'Italie qu'à celles d'Allemagne et des Pays-Bas. Sur l'emploi contesté de ce mot : P. Monnet, « Doit-on encore parler de patriciat dans les villes allemandes à la fin du Moyen Âge ? », dans *Mission historique française en Allemagne. Bulletin*, n° 32, juin 1996, p. 54-66.

155. Sur les prix des différents draps selon la couleur dont ils sont teints, voir les tableaux très instructifs publiés par A. Doren, *Studien aus der Florentiner Wirtschaftsgeschichte. I: Die Florentiner Wollentuchindustrie*, Stuttgart, 1901, p. 506-517. Voir aussi, pour Venise, l'étude ancienne mais encore pertinente de B. Cechetti, *La vita dei veneziani nel 1300. Le veste*, Venise, 1886.

156. La vogue des couleurs à la cour de Savoie aux XIVe et XVe siècles a pu être étudiée par plusieurs auteurs grâce à des sources d'archives nombreuses et détaillées; on aimerait disposer de telles sources pour d'autres cours. Voir par exemple: L. Costa de Beauregard, « Souvenirs du règne d'Amédée VIII... : trousseau de Marie de Savoie », dans *Mémoires de l'Académie impériale de Savoie*, 2e série, tome IV, 1861, p. 169-203; M. Bruchet, *le Château de Ripaille*, Paris, 1907, p. 361-362; N. Pollini, *la Mort du prince. Les Rituels funèbres de la Maison de Savoie (1343-1451)*, Lausanne, 1993, p. 40-43; et surtout A. Page, *Vêtir le prince. Tissus et couleurs à la cour de Savoie (1427-1457)*, Lausanne, 1993, p. 59-104 et *passim*.

157. Le célèbre « Prince Noir » (1330-1376), fils aîné du roi d'Angleterre Édouard III, dont certains auteurs modernes affirment qu'il portait toujours à la guerre et au tournoi une armure noire, n'a joué aucun rôle dans la diffusion du noir princier dans le royaume d'Angleterre. D'une part il est mort une génération trop tôt pour avoir lancé cette mode des tons noirs, de l'autre il n'a jamais montré de son vivant un goût particulier pour cette couleur: les documents du XIVe siècle n'en parlent pas, et il faut attendre les années 1540 pour que quelques historiens commencent, presque deux siècles après sa mort, à lui donner ce surnom de « Prince Noir » (pour des raisons encore mal expliquées). Voir R. Barber, *Edward Prince of Wales and Aquitaine*, Londres, 1978, p. 242-243. Sur le vêtements anglais au XIVe siècle, S. M. Newton, *Fashion in the Age of the Black Prince. A Study of the Years 1340-1365*, Londres, 1980.

158. Sur Philippe le Bon et la couleur noire: E. L. Lory, « Les obsèques de Philippe le Bon... », dans *Mémoires de la Commission des Antiquités du département de la Côte d'or*, tome VII, 1865-1869, p. 215-246; O. Cartellieri, *la Cour des ducs de*

Bourgogne, Paris, 1946, p. 71-99 ; M. Beaulieu et J. Baylé, *le Costume en Bourgogne de Philippe le Hardi à Charles le Téméraire,* Paris, 1956, p. 23-26 et 119-121 ; A. Grunzweig, « Le grand duc du Ponant », dans *Moyen Âge,* tome 62, 1956, p. 119-165 ; R. Vaughan, *Philip the Good : the Apogee of Burgundy,* Londres, 1970.

159. Voir par exemple les explications de Georges Chastellain qui dans sa chronique consacre de longs développements au meurtre de Montereau (c'est même le point de départ de son récit) et à la façon dont Philippe le Bon s'est voué au noir. G. Chastellain, *Œuvres,* éd. Kervyn de Lettenhove, tome VII, Bruxelles, 1865, p. 213-236.

160. R. Vaughan, *John the Fearless : the Growth of Burgundian Power,* Londres, 1966.

161. Sur le noir et le gris de René d'Anjou, F. Piponnier, *Costume et vie sociale. La cour d'Anjou (XIVe-XVe siècles),* Paris, 1970, p. 188-194.

162. Charles d'Orléans, *Poésies,* édition P. Champion, Paris, chanson n° 81, vers 5-8. Sur le gris symbole d'espérance à la fin du Moyen Âge, voir le bel article d' A. Planche, « Le gris de l'espoir », dans *Romania,* tome 94, 1973, p. 289-302.

163. En relation avec les interminables débats sur le rôle culturel des images et la place de celles-ci dans le sanctuaire. Après le concile de Nicée II en 787, la couleur fait une entrée massive dans les églises d'Occident. D'un point de vue historiographique, les controverses du VIIIe siècle portant sur la couleur restent sous-étudiées, voire non étudiées, alors que celles portant sur l'image ont suscité d'innombrables travaux, dont une mise au point récente grâce aux actes d'un fructueux colloque édités par François-Dominique Boespflug et Nicolas Lossky, *Nicée II, 787-1987. Douze siècles d'images religieuses,* Paris, 1987.

164. Sur l'étymologie controversée du mot *color,* voir A. Walde et J. B. Hofmann, *Lateinisches etymologisches Wörterbuch,* 3e éd., Heidelberg, 1930-1954, tome III, p. 151-153 ; et surtout A. Ernout et A. Meillet, *Dictionnaire étymologique de la langue latine,* 4e éd., Paris, 1959, p. 133.

165. Parmi les grands réformateurs, Luther semble en effet celui qui montre le plus de tolérance envers la présence de la couleur dans le temple, le culte, l'art et la vie quotidienne. Il est vrai que ses préoccupations essentielles sont ailleurs, et que pour lui les interdits vétero-testamentaires sur les images ne sont plus vraiment valides sous le régime de la grâce. D'où parfois, comme pour l'iconographie, une attitude luthérienne originale à l'égard des arts et des pratiques de la couleur. Voir, pour ce qui concerne le problème général de l'image chez Luther (il n'existe aucune étude portant spécialement sur la couleur), le bel article de Jean Wirth, « Le dogme en image : Luther et l'iconographie », dans *Revue de l'art,* tome 52, 1981, p. 9-21. Voir aussi C. Christensen, *Art and the Reformation in Germany,* Athens (États-Unis), 1979, p. 50-56 ; G. Scavizzi, *Arte e architettura sacra. Cronache e documenti sulla controversia tra riformati e cattolici (1500-1550),* Rome, 1981, p. 69-73 et C. Eire, *War against the Idols. The Reformation of Workship from Erasmus to Calvin,* Cambridge (Mass.), 1986, p. 69-72.

166. Jérémie **22**, 13-14. Également Ézéchiel **8**, 10.

167. Andreas Bodenstein von Karlstadt, *Von Abtung der Bylder...,* Wittenberg, 1522, p. 23 et 39. Voir aussi les passages cités par Hermann Barge, *Andreas Bodenstein von Karlstadt,* Leipzig, 1905, tome I, p. 386-391 ; et, pour Haetzer, C. Garside, *Zwingli and the Arts,* New Haven, 1966, p. 110-111.

168. L'historien doit, pour ce qui concerne les termes de couleur (et les éventuels commentaires qu'ils suscitent), être très attentif aux éditions, versions, états de texte et traductions utilisés par les grands réformateurs. Du grec et de l'hébreu au latin et du latin aux langues vernaculaires, l'histoire de la traduction des termes de couleur est remplie d'infidélités, de surlectures et de glissements de sens. Le latin médiéval, notamment, avant même la Vulgate, introduit une grande quantité de termes de couleur là où l'hébreu, l'araméen et le grec n'employaient que des termes de matière, de lumière, de densité ou de qualité.

169. L'expression est d'Olivier Christin, *Une Révolution symbolique. L'Iconoclasme huguenot et la reconstruction catholique,* Paris, 1991, p. 141, note 5. Voir aussi R. W. Scribner, *Reformation, Carnival and the World Turned Upside-Down,* Stuttgart, 1980, p. 234-264.

170. M. Pastoureau, « L'Église et la couleur des origines à la Réforme », dans *Bibliothèque de l'École des chartes*, vol. 147, 1989, p. 203-230, ici p. 214-217 ; J.-C. Bonne, « Rituel de la couleur. Fonctionnement et usage des images dans le sacramentaire de Saint-Étienne de Limoges », dans *Image et signification* (rencontre de l'École du Louvre), Paris, 1983, p. 129-139.

171. C. Garside, *Zwingli and the Arts*, New Haven, 1966, p. 155-156. Voir aussi la belle étude de F. Schmidt-Claussing, *Zwingli als Liturgist*, Berlin, 1952.

172. Hermann Barge, *op. cit.*, p. 386 ; M. Stirm, *Die Bilderfrage in der Reformation*, Gütersloh, 1977, p. 24.

173. M. Pastoureau, « Une histoire des couleurs est-elle possible ? », dans *Ethnologie française*, 1990/4, p. 368-377 ; ici p. 373-375.

174. Plusieurs exemples rapidement cités par S. Deyon et A. Lottin, *les Casseurs de l'été 1566. L'iconoclasme dans le Nord*, Paris, 1981, *passim*. Voir aussi O. Christin, *op. cit.*, p. 152-154.

175. Typique est à cet égard le cas de Luther. Voir Jean Wirth, « Le dogme en image », article cité (note 165), p. 9-21.

176. Charles Garside, *op. cit.*, chapitres IV et V.

177. A. Bieler, *l'Homme et la Femme dans la morale calviniste*, Genève, 1963, p. 20-27.

178. Ce caractère vibratoire de la couleur dans la peinture de Rembrandt, joint à l'omnipotence de la lumière, donne à la plupart de ses œuvres, y compris les plus profanes, une dimension religieuse. Parmi une bibliographie surabondante, voir les actes du colloque de Berlin (1970) édités par O. von Simson et J. Kelch, *Neue Beiträge zur Rembrandt-Forschung*, Berlin, 1973.

179. M. Pastoureau, « L'Église et la couleur », article cité, p. 204-209.

180. On trouvera une excellente présentation de ce dossier dans l'ouvrage de Jacqueline Lichtenstein, *la Couleur éloquente. Rhétorique et peinture à l'âge classique*, Paris, 1989. On relira également avec profit le *Cours de peinture par principes* (1708), de Roger de Piles, chef de file des partisans de la primauté du coloris dans la peinture. Rompant avec les théories antérieures et avec l'idéal calviniste et janséniste, l'auteur fait l'apologie de la couleur en tant qu'elle est fard, illusion, séduction, en un mot pleinement peinture.

181. Calvin tient en abomination particulière les hommes qui se déguisent en femmes ou en animaux. D'où le problème du théâtre.

182. Voir son violent sermon *Oratio contra affectationem novitatis in vestitu* (1527), où il recommande pour tout honnête chrétien le port d'un vêtement de couleurs sobres et sombres et non pas « *distinctus a variis coloribus velut pavo* » (*Corpus reformatorum,* vol. 11, p. 139-149 ; voir aussi, vol. 2, p. 331-338).

183. E.-G. Léonard, *Histoire générale du protestantisme,* tome I, Paris, 1961, p. 118-119, 150, 237, 245-246. Pour Genève au XVIe siècle, la bibliographie est relativement abondante : Marie-Lucile de Gallantin, *Ordonnances somptuaires à Genève,* Genève, 1938 (*Mémoires et documents de la Société d'histoire et d'archéologie de Genève,* 2e série, vol. 36) ; Ronald S. Wallace, *Calvin, Geneva and the Reformation,* Édimbourg, 1988, p. 27-84. Voir aussi les remarques d'André Bieler, *l'Homme et la Femme dans la morale calviniste,* Genève, 1963, p. 81-89 et 138-146.

184. Sur la révolution vestimentaire préconisée par les anabaptistes de Münster, R. Strupperich, *Das münsterische Taüfertum,* Münster, 1958, p. 30-59.

185. En 1666, grâce à l'expérience du prisme et à la mise en valeur du spectre, Newton peut enfin exclure *scientifiquement* le noir et le blanc de l'ordre des couleurs ; ce qui *culturellement* était inscrit dans les pratiques sociales et religieuses depuis plusieurs décennies.

186. Isidor Thorner, « Ascetic Protestantism and the Development of Science and Technology », dans *The American Journal of Sociology,* vol. 58, 1952-1953, p. 25-38 ; Joachim Bodamer, *Der Weg zu Askese als Ueberwindung der technischen Welt,* Hamburg, 1957.

187. Robert Lacey, *Ford, The Man and the Machine,* New York, 1968, p. 70.

188. Louis Marin, « Signe et représentation. Philippe de Champaigne et Port-Royal », dans *Annales ESC,* vol. 25, 1970, p. 1-13.

189. Voir par exemple, pour la peinture française : S. Bergeon et E. Martin, « La technique de la peinture française des XVIIe et XVIIIe siècles », dans *Techné*, vol. 1, 1994, p. 65-78.

190. *Ibid.*, p. 71-72.

191. Sur le lapis-lazuli en peinture : Ashok Roy, éd., *Artists' Pigments. A Handbook of their History and Characteristics*, vol. 2, Washington et Oxford, 1993, p. 37-65.

192. Sur l'azurite et le smalt employés par les peintres, *ibid.*, p. 23-34 et 113-130.

193. Sur l'utilisation limitée de l'indigo en peinture au XVIIe siècle, voir le beau catalogue de l'exposition *Sublime indigo*, Marseille, 1987, p. 75-98.

194. Voir par exemple ce qu'en dit Jean-Baptiste Oudry dans ses *Discours sur la pratique de la peinture* rédigés en 1752 et publiés par E. Piot dans *le Cabinet de l'amateur*, Paris, 1861, p. 107-117.

195. H. Kühn, « A Study of the Pigments and the Grounds used by Jan Vermeer », dans National Gallery of Art (Washington), *Report and Studies in the History of Art*, Washington, 1968, p. 155-202 ; J. Wadum, *Vermeer Illuminated. Conservation, Restoration and Research*, La Haye, 1995.

196. Sur ces questions, je renvoie ici encore au livre de Jacqueline Lichtenstein, *op. cit.* ; voir aussi E. Heuck, *Die Farbe in der französischen Kunsttheorie des XVII. Jahrhunderts*, Strasbourg, 1929 ; B. Tesseydre, *Roger de Piles et les débats sur le coloris au siècle de Louis XIV*, Paris, 1965 ; et, pour le XVIe siècle plus particulièrement, J. Gage, *op. cit.*, p. 117-138.

197. Comme le prouve l'utilisation par les peintres des XVIIe et XVIIIe siècles de papiers bleus teints à l'indigo pour tracer leurs esquisses (le bleu évite le jaunissement du papier), ou bien les admirables dessins à la plume mêlant l'encre brune, le lavis d'indigo et les rehauts de blanc.

198. Charles Le Brun résume bien la position des adversaires de la couleur en affirmant qu'elle est « un océan où beaucoup se noient en voulant s'y sauver ». Chez certains auteurs et artistes, toutefois, les arguments ne sont pas aussi tranchés et le débat se fait plus nuancé. Voir les textes présentés par Max Imdahl, *Couleur. Les Écrits des peintres français de Poussin à Delaunay*, Paris, 1996, p. 27-79.

199. La place manque ici pour exposer en détail les découvertes de Newton et les conséquences immenses qu'elles ont eues sur le discours scientifique et philosophique concernant la couleur. Contentons-nous de renvoyer à l'importante bibliographie qui leur est consacrée. En français, on lira commodément les travaux de Michel Blay, *la Conceptualisation newtonienne des phénomènes de la couleur*, Paris, 1983, et *les Figures de l'arc-en-ciel*, Paris, 1995, p. 36-77. On lira ou relira également l'*Optics* d'Isaac Newton, publiée à Londres en 1702 seulement ; ou bien, pour en avoir une approche plus aisée, les résumés et explications qu'en a donnés Voltaire dans son ouvrage *Éléments de la philosophie de Newton mis à la portée de tout le monde*, Paris, 1738.

200. John Gage, *op. cit.*, p. 153-176 et 227-236.

201. Provisoirement seulement. La peinture néoclassique redevient en effet, quelques décennies plus tard, fort méfiante envers la couleur, et la plupart des théoriciens de l'art, jusqu'à la fin du XIXe siècle, lui emboîtent le pas. Ainsi Charles Blanc, fondateur de la *Gazette des Beaux-Arts*, dans sa fameuse *Grammaire des arts du dessin*, publiée en 1867 et plusieurs fois rééditée : « Le dessin est le sexe masculin de l'art, la couleur en est le sexe féminin (...). Il faut que le dessin conserve sa prépondérance sur la couleur. S'il en est autrement, la peinture court à sa ruine ; elle sera perdue par la couleur comme l'humanité fut perdue par Ève. »

202. Voir le palmarès (« la balance des peintres ») proposé par Roger de Piles dans son *Cours de peinture par principes*, nouv. éd., Paris, 1989, p. 236-241. Voir aussi M. Brusatin, *Storia dei colori*, Turin, 1983, p. 47-69.

203. Notamment dans ses *Vorlesungen über die Aesthetik*, Berlin, 1832, nouv. éd. Leipzig, 1931, p. 128-129 et *passim*.

204. Sur cette invention, voir le catalogue de la belle exposition *Anatomie de la couleur*, Paris, Bibliothèque nationale de France, 1995, organisée par Florian Rodari et Maxime Préaud. Voir aussi le traité de J. C. Le Blon, *Coloritto, or the Harmony of Colouring in Painting reduced to Mechanical Pratice*, Londres, 1725, qui reconnaît sa dette envers Newton et affirme la primauté de trois couleurs de base : le rouge, le bleu et le jaune

(p. 6 et suivantes). Sur l'histoire de la gravure en couleurs, envisagée dans la longue durée, voir l'étude de J. M. Friedman, *Color Printing in England, 1486-1870*, Yale, 1978.

205. « La couleur en noir et blanc (XVe-XVIIIe siècle) », dans *le Livre et l'Historien. Études offertes en l'honneur du Professeur Henri-Jean Martin*, Genève, 1997, p. 197-213.

206. Essentielle est à cet égard l'étude de Alan E. Shapiro, « Artists' Colors and Newton's Colors », dans *Isis*, vol. LXXXV, p. 600-630.

207. Pour ce faire, il faudra attendre le tournant des XVIIIe-XIXe siècles. Notons cependant que dès le début du XVIIe siècle, quelques auteurs font du rouge, du bleu et du jaune les couleurs « principales », et du vert, du pourpre et de l'or (!), des couleurs issues de la combinaison des couleurs principales. L'ouvrage pionnier en ce domaine est celui de François d'Aguilon, *Opticorum Libri VI*, Anvers, 1613, qui propose plusieurs « tables d'harmonie » où le vert est le produit du mélange du jaune et du bleu. Sur ces questions, voir l'article de Alan E. Shapiro cité à la note précédente.

208. César, *Guerre des Gaules*, V, 14, 2 ; Pline l'Ancien, *Histoire naturelle*, XXII, 2, 1.

209. L. Luzzatto et R. Pompas, *Il significato dei colori nelle civiltà antiche*, Milan, 1988, p. 130-151.

210. Sur la guède tinctoriale antique, J. et C. Cotte, « La guède dans l'Antiquité », dans *Revue des études anciennes*, tome XXI/1, 1919, p. 43-57.

211. Pline, cependant, n'en fait pas véritablement une pierre mais une sorte d'écume ou de limon solidifié puis broyé : « *Ex India venit indicus, arundinum spumae adhaerescente limo ; cum teritur, nigrum ; at in diluendo mixturam purpurae caeruleique mirabilem reddit* » (*Histoire naturelle*, livre XXXV, chapitre 27, paragraphe 1).

212. L'expression est attestée dès la fin du XIIe siècle dans deux chansons de geste. A. Rey, dir., *Dictionnaire historique de la langue française*, Paris, 1992, p. 439. Le mot français *cocagne* vient sans doute de l'occitan *cocanha* qui désigne un petit objet en forme de coque (et plus tard une friandise ; d'où le célèbre « mât de cocagne »). En latin, en anglais et en allemand, on préfère employer l'expression biblique « pays où coulent le lait et le miel » (Exode **3**, 8) pour qualifier les riches régions productrices de pastel.

213. Sur l'histoire bien documentée et bien étudiée du pastel toulousain : P. Wolff, *Commerces et marchands de Toulouse (vers 1350-vers 1450)*, Paris, 1954 ; G. Caster, *Le Commerce du pastel et de l'épicerie à Toulouse, de 1450 environ à 1561*, Toulouse, 1962 ; G. Jorre, *Le Terrefort toulousain et Lauragais. Histoire et géographie agraires*, Toulouse, 1971 ; P. G. Rufino, *Le Pastel, or bleu du pays de cocagne*, Panayrac, 1992.

214. La plus ancienne interdiction semble se trouver dans un statut florentin daté de 1317 concernant les Arts de la laine : « *Nullus de hac arte vel suppositus huic arti possit vel debeat endicam facere vel fieri facere* ». R. Scholz, *Aus der Geschichte des Farbstoffhandels im Mittelalter*, Munich, 1929, p. 47-48.

215. On trouvera un tableau très instructif du prix déclinant de la livre de guède à Nuremberg et dans différentes villes d'Allemagne du XIVe au XVIe siècle, dans F. Lauterbach, *Der Kampf des Waides mit dem Indigo*, Leipzig, 1905, p. 37.

216. Les manuels de teinturerie du XVIIe siècle attirent également l'attention sur le fait qu'on ne sait jamais à l'avance quelle nuance de couleur va prendre l'étoffe plongée dans une cuve d'indigo et sur la nécessité qu'il y a de l'y plonger et replonger un grand nombre de fois si l'on souhaite une couleur foncée uniforme.

217. C'est en Italie également que l'on trouve dans un recueil de recettes la première explication développée de teinture à l'indigo. Il s'agit d'un recueil manuscrit conservé à la bibliothèque de Côme (codice Ms. 4. 4. 1), compilé entre 1466 et 1514. Voir l'édition qu'en a donnée G. Rebora, *Un manuale di tintoria del Quattrocento*, Milan, 1970. Dans ce recueil d'origine vénitienne, malgré cette mention précoce de la teinture à l'indigo, 109 des 159 recettes sont consacrées à la couleur rouge. Plus tard, dans le premier manuel de teinturerie jamais imprimé en Occident, le fameux *Plictho de l'arte de tentori* de Giovan Ventura Rosetti, paru à Venise en 1548, il n'est nullement question d'indigo. Voir la belle et savante édition qu'en ont donnée S. M. Evans et H. C. Borghetty, *The « Plictho » of Giovan Ventura Rosetti*, Cambridge (Mass.) et Londres, 1969

218. F. Lauterbach, *op. cit.*, p. 117-118 ; R. Scholz, *op. cit*, p. 107-116 ; H. Jecht, « Beiträge zur Geschichte des ostdeutschen Waidhandels und Tuchmacherge-werbes », dans *Neues Lausitzisches Magazin*, vol. 99, 1923, p. 55-98, et vol. 100, 1924, p. 57-134.

219. G. Schmoller, *Die Stassburger Tuch- und Weberzunft*, Strasbourg, 1879, p. 223.

220. M. de Puymaurin, *Notice sur le pastel, sa culture et les moyens d'en tirer de l'indigo*, Paris, 1810.

221. Notons qu'aujourd'hui encore, certains historiens de la peinture refusent d'admettre que des peintres des siècles passés aient pu avoir recours à des matières colorantes destinées prioritairement à la teinturerie. Et pourtant...

222. Les circonstances exactes de la mise au point du bleu de Prusse par Diesbach et Dippel restent aujourd'hui encore méconnues. Est-ce à Diesbach ou à Dippel qu'il faut attribuer la paternité d'un texte latin anonyme, publié en 1710 dans le journal d'une société savante de Berlin et signalant la découverte de ce nouveau bleu ? (« Serius exhibita notitia coerulei Berolinensia nuper inventi », dans *Micellanea Berolinensia ad incrementum scientiarum*, Berlin, 1710, p. 377-381.)

223. M. D. Woodward, « Preparatio coerulei prussiaci ex Germanica missa », dans *Philosophical Transactions*, Londres, 1726, vol. 33/381, p. 15-22.

224. Madeleine Pinault, « Savants et teinturiers », dans *Sublime indigo*, exposition : Marseille, 1987, Fribourg, 1987, p. 135-141.

225. P.-J. Macquer, « Mémoire sur une nouvelle espèce de teinture bleue dans laquelle il n'entre ni pastel ni indigo », dans *Mémoires de l'Académie royale des sciences*, 1749, p. 255-265 ; *Sublime indigo*, Marseille, 1987, p. 158, n° 170 et 171.

226. J.-M. Raymond, *Procédé de M. Raymond...*, Paris, 1811. Ce procédé consiste à mordancer fortement le tissu avec un mordant à base de fer puis à le plonger dans une solution de ferrocyanure de potassium, en évitant tout récipient ou instrument de cuivre.

227. Nicole Pellegrin, « Les provinces du bleu », dans *Sublime indigo*, exposition : Marseille, 1987, Fribourg, 1987, p. 35-39 ;

Dominique Cardon, « Pour un arbre généalogique du jeans : portraits d'ancêtres », dans *Blu, Blue Jeans. Il blu popolare*, exposition, Milan, 1989, p. 23-31.

228. Voir les travaux de Madeleine Pinault, notamment sa thèse *Aux sources de l'*Encyclopédie. *La description des Arts et Métiers*, Paris, 1984, 4 volumes, thèse malheureusement inédite (EPHE, 4e section), ainsi que « Savants et teinturiers », dans *Sublime indigo, op. cit.*, p. 135-141.

229. C'est encore treize bleus que retient, en 1765, l'article « Teinture » de l'*Encyclopédie*, reprenant la liste publiée en 1669 dans l'*Instruction sur les teintures* voulue par Colbert. Mais à la même époque, la *Description des arts et métiers*, publiée par Duhamel de Monceau, et qui accorde une large place aux métiers de la teinturerie, donne une liste de vingt-trois ou vingt-quatre mots. Voir, outre les travaux cités à la note précédente, Martine Jaoul et Madeleine Pinault, « La collection *Description des arts et métiers*. Etude des sources inédites », dans *Ethnologie française*, vol. 12/4, 1982, p. 335-360, et vol. 16/1, 1986, p. 7-38.

230. Walther von Wartburg, *Französisches etymologisches Wörterbuch*, tome VIII, col. 276-277a ; Barbara Schäfer, *Die Semantik der Farbadjektive im Altfranzösischen*, Tübingen, 1987, p. 82-88 ; Annie Mollard-Dufour, *le Dictionnaire des mots et expressions de couleur du XXe siècle. Le bleu*, Paris, 1998, p. 200.

231. Lettre du 6 septembre 1772 de Werther à Wilhelm.

232. Dans le roman, la robe de Charlotte n'est pas blanc et bleu mais seulement blanche. Elle porte bien en revanche un nœud rose sur la poitrine, nœud qu'elle offre à Werther et que celui-ci chérit plus que tout.

233. La mise au point la plus récente sur l'opposition de Goethe aux théories de Newton et des newtoniens est faite par D. L. Sepper, *Goethe contra Newton. Polemics and the Project for a new Science of Colour*, Oxford, 1988.

234. M. Richter, *Das Schrifttum über Goethes Farbenlehre*, Berlin, 1938.

235. Les travaux de Goethe sur la couleur ont suscité une bibliographie considérable. Voir essentiellement : A. Bjerke, *Neue Beiträge zu Goethes Farbenlehre*, Stuttgart, 1963 ;

H. O. Proskauer, *Zum Studium von Goethes Farbenlehre*, Bâle, 1968 ; M. Schindler, *Goethe's Theory of Colours*, Horsham, 1978.

236. *Zur Farbenlehre*, IV, paragraphes 696-699, et VI, paragraphes 758-832. Voir aussi P. Schmidt, *Goethe's Farbensymbolik*, Stuttgart, 1965.

237. En revanche, Goethe est hostile, à l'intérieur des habitations, aux chambres et pièces bleues ; elles font certes paraître l'espace plus grand mais elles sont « froides et tristes ». Il préfère les pièces tapissées de vert.

238. Sur ce roman et sa réception : Gerhard Schulz, dir., *Novalis Werke commentiert*, 2e éd., Munich, 1981, p. 210-225 et *passim*.

239. Voir les textes rassemblés par Angelica Lochmann et Angelica Overath, *Das blaue Buch. Ein Lesarten einer Farbe*, Nördlingen, 1988.

240. Alain Rey, dir., *Dictionnaire historique de la langue française*, tome I, Paris, 1992, p. 72.

241. En néerlandais l'expression « Dat zijn maar blauwe bloempjes » (mot à mot : « ce ne sont que de petites fleurs bleues ») est péjorative ; elle ne qualifie pas des contes de fées, mais de véritables mensonges. Aux Pays-Bas, le manteau bleu (« de blauwe Huyck ») est l'attribut des menteurs, des hypocrites, des trompeurs et des traîtres (rôle joué en général ailleurs par les vêtements jaunes). Voir L. Lebeer, « De blauwe Huyck », dans *Gentsche Bijdragen tot de Kunstgeschiedenis*, vol. VI, 1939-1940, p. 161-226 (à propos du manteau bleu dans le célèbre tableau de Breughel consacré aux proverbes).

242. Je remercie Inès Villela-Petit de m'avoir communiqué cette information.

243. Sur l'histoire et les caractéristiques du blues, qui se situe aux origines du jazz, P. Carles, A. Clergeat et J.-L. Comoli, *Dictionnaire du jazz*, Paris, 1988, p. 108-110.

244. L'Italie, notamment, est depuis le début de notre siècle fidèle au maillot bleu sur tous les terrains de sport. On aimerait du reste savoir pourquoi, puisque cette couleur n'est pas présente dans son drapeau et, historiquement, n'a jamais été la couleur dynastique de la maison de Savoie ni des différentes familles qui ont régné en Italie. Il y a là un mystère que les Italiens eux-mêmes ne parviennent pas à expliquer. Est-ce parce que les origines de ce bleu national restent mystérieuses que, sur de nombreux terrains de sport, toutes les *squadre azzurre* qui représentent l'Italie sont fréquemment invincibles ?

245. Aussi étrange que cela puisse paraître, la genèse du drapeau français pendant la Révolution française demeure un problème historique peu étudié et controversé. Au reste, contrairement à ce que l'on pourrait croire, les travaux qui lui sont consacrés ne sont pas très nombreux. J'entends les travaux scientifiques car, bien évidemment, sur ce sujet comme sur tout ce qui touche au monde des symboles, la mauvaise littérature est abondante. Mais il est indéniable que sur les origines du drapeau tricolore nous avons encore beaucoup à apprendre. Il en va du reste de même des origines de beaucoup d'autres drapeaux, anciens ou récents, européens ou non. Comme si tout drapeau, pour bien remplir les fonctions qui sont les siennes (emblématiques, symboliques, liturgiques, mythologiques), avait besoin d'cntourer ses origines, sa naissance et ses significations premières d'un certain mystère. Un drapeau dont l'histoire et les significations seraient trop limpides serait un drapeau tiède, pauvre, inefficace. Voir : A. Maury, *les Emblèmes et les drapeaux de la France, le coq gaulois*, Paris, 1904, p. 259-316 ; R. Girardet, « Les trois couleurs », dans P. Nora, dir., *les Lieux de mémoire*, tome I, Paris, 1984, p. 5-35 ; H. Pinoteau, *le Chaos français et ses signes. Étude sur la symbolique de l'État français depuis la Révolution de 1789*, La Roche-Rigault, 1998, p. 46-57, 137-142 et *passim* ; M. Pastoureau, *les Emblèmes de la France* Paris, 1998, p. 54-61 et 109-115.

246. Gilbert marquis de La Fayette, *Mémoires, correspondances et manuscrits*, Paris, 1837, tome II, p. 265-270.

247. Jean-Sylvain Bailly, *Mémoires*, Paris, 1804, tome II, p. 57-68.

248. Sur la cocarde tricolore : H. Pinoteau, *op. cit.*, p. 34-40 ; M. Pastoureau, *les Emblèmes de la France*, *op. cit.*, p. 54-61.

249. D'autant qu'à la cour, depuis le XIVe siècle, la séquence bleu-blanc-rouge constitue la livrée des rois de France, Valois puis Bourbons ; elle est portée par l'ensemble du personnel domestique de la maison du roi.

250. M. Pastoureau, *l'Étoffe du Diable. Une histoire des rayures et des tissus rayés*, Paris, 1991, p. 80-90.

251. Pour les armées de terre rien n'est encore décidé, car à cette époque comme pendant tout l'Ancien Régime un « drapeau », c'est avant tout un pavillon de marine. Le 22 octobre 1790, l'Assemblée demande néanmoins aux colonels de tous les régiments d'attacher à leurs drapeaux des cravates aux couleurs nationales. Demande répétée à plusieurs reprises jusqu'à l'été 1791. Le 10 juillet de cette année, il est décidé que chaque régiment devra, d'une manière ou d'une autre, posséder un drapeau aux couleurs de la Nation. La formule pour organiser la distribution de ces trois couleurs semble laissée à la liberté de chaque régiment. Pour l'infanterie, on recommande pour chaque premier bataillon un drapeau blanc à croix blanche cantonnée au premier canton de trois « bandes » horizontales, l'une bleue, l'autre blanche et la troisième rouge. Dans les faits, les formules retenues sont nombreuses et variées, certaines audacieuses, d'autres séduisantes, beaucoup compliquées ou incohérentes. On a oublié qu'un drapeau est un morceau d'étoffe fait pour être vu de loin. Cette situation perdure jusqu'en 1804, lorsque l'on décide d'uniformiser les drapeaux de tous les régiments autour d'un modèle déjà utilisé par certains : un grand carré blanc posé sur la pointe comme un losange, accompagné aux quatre coins de quatre triangles, deux bleus et deux rouges. La grande surface du carré permet d'y placer des inscriptions et des emblèmes divers.

252. Le drapeau français, en effet, n'est pas particulièrement beau. Il est certes chargé de sens et d'histoire – ce qui lui confère une beauté d'un certain type – mais visuellement ce n'est pas une réussite, ni géométrique ni esthétique, comme le sont par exemple les cinq drapeaux scandinaves, le drapeau japonais et plusieurs autres. À cela une raison simple : les bandes de trois couleurs ne sont pas situées sur le bon axe. Dans un morceau d'étoffe rectangulaire, la division en trois parties est bien plus naturelle et plus séduisante si elle suit le grand côté du rectangle (comme dans les drapeaux néerlandais, allemand, hongrois et d'autres) et non pas le petit côté. Avec la formule retenue pour le drapeau français, et pour tous les drapeaux tricolores qui en sont issus, on a l'impression que le bas du rectangle, placé à l'horizontale, a été sectionné ; ce qui est désagréable à l'œil. Cela, bien sûr, seulement lorsque le drapeau flotte au vent ou qu'il est figuré par une image rectangulaire plane.

253. Pierre Charrié, *Drapeaux et étendards du XIXe siècle (1814-1880)*, Paris, 1992.

254. Sur le drapeau rouge, M. Dommanget, *Histoire du drapeau rouge des origines à la guerre de 1939*, Paris, 1967.

255. Sur le drapeau blanc, J.-P. Garnier, *le Drapeau blanc*, Paris, 1971.

256. M. Agulhon, « Les couleurs dans la politique française », dans *Ethnologie française*, tome XX, 1990/4, p. 391-398.

257. Le jaune, couleur dépréciée depuis longtemps dans les traditions européennes, est d'un emploi rare dans l'emblématique et la symbolique politiques. Il désigne le plus souvent les traîtres et les briseurs de grèves. Voir A. Marsaudon, *les Syndicats jaunes*, Rouen, 1912 ; M. Tournier, « Les *jaunes*. Un mot-fantasme de la fin du XIXe siècle », dans *les Mots*, vol. 8, 1984, p. 125-146.

258. Aux travaux cités aux notes précédentes, ajouter : A. Geoffroy, « Etude en rouge, 1789-1798 », dans *Cahiers de lexicologie*, tome 51, 1988, p. 119-148.

259. Voir l'intéressant mémoire de M. de Puymaurin, *Notice sur le pastel, sa culture et les moyens d'en tirer de l'indigo*, Paris, 1810.

260. Cité par Georges Dilleman, « Du rouge garance au bleu horizon », dans *la Sabretache*, 1971 (1972), p. 63-69 (ici p. 68).

261. Dans son testament, Jules Ferry (1832-1893), député puis sénateur des Vosges, avait demandé à être enterré dans sa ville natale de Saint-Dié « en face de cette ligne bleue des Vosges d'où monte jusqu'à mon cœur fidèle la plainte touchante des vaincus ».

262. Le blazer, veste légère de sport, peut à l'origine être de n'importe quelle couleur, notamment de couleurs vives, voire rayé de deux couleurs. C'est ainsi qu'il passa de Grande-Bretagne sur le continent vers 1890-1900. Mais après la Première Guerre mondiale, les couleurs vives et les rayures se firent plus discrètes, cédant la place aux couleurs sombres, surtout le bleu marine. À partir des années 1950, le mot franglais « blazer » désigne presque toujours une veste bleu marine.

263. Sur l'histoire du jean et de la célèbre firme de San Francisco, les ouvrages sont nombreux mais de qualité inégale. Voir surtout : H. Nathan, *Levi Strauss and Company, Taylors to the World*, Berkeley, 1976 ; E. Cray, *Levi's*, Boston, 1978 ; P. Friedman, *Une histoire du Blue Jeans*, Paris, 1987 ; ainsi que plusieurs catalogues d'exposition : *Blu/Blue Jeans. Il blu popolare*, Milan, 1989 ; *la Fabuleuse histoire du jean*, Paris, musée Galliera, 1996.

264. Sur les débuts du jean : H. Nathan, *op. cit.*, p. 1-76.

265. Martine Nougarède, « Denim : arbre généalogique », dans *Blu/Blue Jeans. Il blu popolare*, exposition, Milan, 1989, p. 35-38 ; ainsi que le catalogue de l'exposition *Rouge, bleu, blanc. Teintures à Nîmes*, Nîmes, musée du vieux Nîmes, 1989.

266. S. Blum, *Everyday Fashions of the Twenties as Pictured in Sears and other Catalogues*, New York, 1981 ; et *Everyday Fashions of the Thirthies as Pictured in Sears and other Catalogues*, New York, 1986.

267. Gabriel Haïm, *The Meaning of Western Commercial Artifacts for Eastern European Youth*, Tel Aviv, 1979.

268. Parmi une littérature abondante mais inégale l'historien consultera surtout : F. Birren, *Selling color to people*, New York, 1956, p. 64-97 ; M. Deribéré, *la Couleur dans les activités humaines*, Paris, 1968, *passim* ; M.-A. Descamps, *Psychosociologie de la mode*, Paris, 2e éd., 1984, p. 93-105. Voir également, pour l'Allemagne, les chiffres publiés dans l'excellent ouvrage de Eva Heller, *Wie die Farben wirken*, Hamburg, 1989, p. 14-47.

269. Voir les remarques de G. W. Granger, « Objectivity of Colour Preferences », dans *Nature*, tome CLXX, 1952, p. 18-24.

270. Faber Birren, *Selling Color to People*, New York, 1956, p. 81-97, et *Color : A Survey in Words and Pictures from Ancient Mysticism to Modern Science*, New York, 1963, p. 121.

271. C'est du reste cette couleur qui depuis le début de notre siècle emblématise l'Europe dans la série des cinq anneaux olympiques et qui, en 1955, est devenue celle du Conseil de l'Europe (et plus tard celle de la Communauté européenne). Voir M. Pastoureau et J.-C. Schmitt, *Europe. Mémoire et emblèmes*, Paris, 1990, p. 193-197.

272. Dans la plupart des pays d'Amérique latine, c'est le rouge qui vient en tête devant le jaune et le bleu. Les valeurs chromatiques européennes semblent ici influencées et enrichies par celles des sociétés amérindiennes. Elles présentent des cas complexes d'acculturation chromatique. Voir, d'un point de vue plus général, l'ouvrage de Serge Gruzinski, *la Pensée métisse*, Paris, 1999.

273. Color Planning Center (Tokyo), *Japanese Color Name Dictionnary*, Tokyo, 1978.

274. Voir les différentes études publiées sous la direction de S. Tornay dans *Voir et nommer les couleurs*, Nanterre, 1978, notamment celles de Carole de Féral (p. 305-312) et de Marie-Paule Ferry (p. 337-346). L'ensemble du recueil apporte à la réflexion de l'historien un matériel abondant, tiré pour l'essentiel de l'ethnolinguistique.

275. Lire à ce sujet les pertinentes remarques de H. C. Conklin, « Color Categorization », dans *The American Anthropologist*, vol. LXXV/4, 1973, p. 931-942, à propos de l'ouvrage, stimulant mais controversé, de B. Berlin et P. Kay, *Basic Colors Terms. Their Universality and Evolution*, Berkeley, 1969.

276. L'œil occidental s'habitue en effet progressivement à certains paramètres de la couleur telle qu'elle est pratiquée au Japon. Le meilleur exemple en est fourni par les papiers photographiques mats ou brillants, pratiquement inconnus de l'Occident jusqu'aux lendemains de la dernière guerre, mais que l'emprise du Japon sur l'industrie photographique a diffusés dans le monde entier. L'articulation mat/brillant est devenue une dimension essentielle du tirage des photographies en Occident, alors qu'auparavant on s'attachait surtout aux questions de grain et à celles concernant la chaleur ou la froideur des tons.

TABLE

DU MÊME AUTEUR

La Vie quotidienne en France et en Angleterre au temps des chevaliers de la Table ronde
Hachette Littératures, 1976

Les Armoiries
Brepols, 1981

Les Sceaux
Brepols, 1981

Bibliographie de la sigillographie française
Picard, 1982

L'Hermine et le Sinople. Étude d'heraldique médiévale
Le Léopard d'or, 1982

Armorial des chevaliers de la Table ronde
Le Léopard d'or, 1983

Jetons, méreaux et médailles
Brepols, 1984

La France des Capétiens (987-1328)
Larousse, 1986

La Guerre de Cent Ans (1328-1453)
Larousse, 1986

Figures et Couleurs : études sur la symbolique et la sensibilité médiévale
Le Léopard d'or, 1986

Le Cochon. Histoire, symbolique et cuisine du porc
Éd. Sang de la Terre, 1987

Couleurs, images, symboles
Études d'histoire et d'anthropologie
Le Léopard d'or, 1989

L'Échiquier de Charlemagne : Un jeu pour ne pas jouer
Adam Biro, 1990

Europe. Mémoire et emblèmes
Éd. de l'Épargne, 1990

La Bible et les saints. Guide iconographique
Flammarion, 1990

L'Étoffe du diable : une histoire des rayures et des tissus rayés
Seuil, 1991

Les Chevaliers
Hachette éducation, 1994

Figures de l'héraldique
Gallimard, 1996

Dictionnaire des couleurs de notre temps : symbolique et société
C. Bonneton éd., 1996 et 1999

Traité d'héraldique
Picard, 1997

Jésus chez le teinturier : couleurs et teintures dans l'Occident médiéval
Le Léopard d'or, 1998

Les Emblèmes de la France
C. Bonneton éd., 1998

Les Animaux célèbres
C. Bonneton éd., 2001

Figures romanes
Seuil, 2001

COMPOSITION : PAO EDITIONS DU SEUIL

GROUPE CPI

Achevé d'imprimer en mars 2003 par
BUSSIÈRE CAMEDAN IMPRIMERIES
à Saint-Amand-Montrond (Cher)
N° d'édition : 55725-2. - N° d'impression : 031114/1.
Dépôt légal : septembre 2002.
Imprimé en France

Espace temps
couleur sujet historique
dif. documentaires
methodologique
histoire des couleurs = h. sociale
VI - IV teinture -> Rouge
Problemes couleur = P sociaux
p. 9
Bleu = guede Germains Celte
= indigo asiatique
p. 24 grecs/romains bleu?
28 3+ epi / Python / Platon
32 bleu = barbares: celtes + germ.
108 mordancer